全国普法学习读本

住房与社区法律法规学习读本

住房保障法律法规

李勇 主编

加大全民普法力度，建设社会主义法治文化，树立宪法法律至上、法律面前人人平等的法治理念。

——中国共产党第十九次全国代表大会《决胜全面建成小康社会 夺取新时代中国特色社会主义伟大胜利》

汕头大学出版社

图书在版编目（CIP）数据

住房保障法律法规／李勇主编. -- 汕头：汕头大学出版社（2021.7重印）

（住房与社区法律法规学习读本）

ISBN 978-7-5658-3677-0

Ⅰ.①住… Ⅱ.①李… Ⅲ.①住宅-社会保障-法律-基本知识-中国 Ⅳ.①D922.384

中国版本图书馆 CIP 数据核字（2018）第 143401 号

住房保障法律法规　　　ZHUFANG BAOZHANG FALÜ FAGUI

主　　编：李　勇
责任编辑：邹　峰
责任技编：黄东生
封面设计：大华文苑
出版发行：汕头大学出版社
　　　　　广东省汕头市大学路 243 号汕头大学校园内　邮政编码：515063
电　　话：0754-82904613
印　　刷：三河市南阳印刷有限公司
开　　本：690mm×960mm 1/16
印　　张：18
字　　数：226 千字
版　　次：2018 年 7 月第 1 版
印　　次：2021 年 7 月第 2 次印刷
定　　价：59.60 元（全 2 册）

ISBN 978-7-5658-3677-0

版权所有，翻版必究
如发现印装质量问题，请与承印厂联系退换

前 言

习近平总书记指出："推进全民守法，必须着力增强全民法治观念。要坚持把全民普法和守法作为依法治国的长期基础性工作，采取有力措施加强法制宣传教育。要坚持法治教育从娃娃抓起，把法治教育纳入国民教育体系和精神文明创建内容，由易到难、循序渐进不断增强青少年的规则意识。要健全公民和组织守法信用记录，完善守法诚信褒奖机制和违法失信行为惩戒机制，形成守法光荣、违法可耻的社会氛围，使遵法守法成为全体人民共同追求和自觉行动。"

中共中央、国务院曾经转发了中央宣传部、司法部关于在公民中开展法治宣传教育的规划，并发出通知，要求各地区各部门结合实际认真贯彻执行。通知指出，全民普法和守法是依法治国的长期基础性工作。深入开展法治宣传教育，是全面建成小康社会和新农村的重要保障。

普法规划指出：各地区各部门要根据实际需要，从不同群体的特点出发，因地制宜开展有特色的法治宣传教育坚持集中法治宣传教育与经常性法治宣传教育相结合，深化法律进机关、进乡村、进社区、进学校、进企业、进单位的"法律六进"主题活动，完善工作标准，建立长效机制。

特别是农业、农村和农民问题，始终是关系党和人民事业发展的全局性和根本性问题。党中央、国务院发布的《关于推进社会主义新农村建设的若干意见》中明确提出要"加强农村法制建设，深入开展农村普法教育，增强农民的法制观念，提高农民依法行使权利和履行义务的自觉性。"多年普法实践证明，普及法律知识，提高法制观念，增强全社会依法办事意识具有重要作用。特别是在广大农村进行普法教育，是提高全民法律素质的需要。

多年来，我国在农村实行的改革开放取得了极大成功，农村发生了翻天覆地的变化，广大农民生活水平大大得到了提高。但是，由于历史和社会等原因，现阶段我国一些地区农民文化素质还不高，不学法、不懂法、不守法现象虽然较原来有所改变，但仍有相当一部分群众的法制观念仍很淡化，不懂、不愿借助法律来保护自身权益，这就极易受到不法的侵害，或极易进行违法犯罪活动，严重阻碍了全面建成小康社会和新农村步伐。

为此，根据党和政府的指示精神以及普法规划，特别是根据广大农村农民的现状，在有关部门和专家的指导下，特别编辑了这套《全国普法学习读本》。主要包括了广大人民群众应知应懂、实际实用的法律法规。为了辅导学习，附录还收入了相应法律法规的条例准则、实施细则、解读解答、案例分析等；同时为了突出法律法规的实际实用特点，兼顾地方性和特殊性，附录还收入了部分某些地方性法律法规以及非法律法规的政策文件、管理制度、应用表格等内容，拓展了本书的知识范围，使法律法规更"接地气"，便于读者学习掌握和实际应用。

在众多法律法规中，我们通过甄别，淘汰了废止的，精选了最新的、权威的和全面的。但有部分法律法规有些条款不适应当下情况了，却没有颁布新的，我们又不能擅自改动，只得保留原有条款，但附录却有相应的补充修改意见或通知等。众多法律法规根据不同内容和受众特点，经过归类组合，优化配套。整套普法读本非常全面系统，具有很强的学习性、实用性和指导性，非常适合用于广大农村和城乡普法学习教育与实践指导。总之，是全国全民普法的良好读本。

目　录

住房公积金管理条例

第一章　总　则 …………………………………………… (1)
第二章　机构及其职责 …………………………………… (2)
第三章　缴　存 …………………………………………… (4)
第四章　提取和使用 ……………………………………… (6)
第五章　监　督 …………………………………………… (8)
第六章　罚　则 …………………………………………… (9)
第七章　附　则 …………………………………………… (10)

附　录

　住房城乡建设部关于住房公积金异地个人住房贷款
　　有关操作问题的通知 ………………………………… (11)
　住房城乡建设部、财政部、人民银行关于放宽提取
　　住房公积金支付房租条件的通知 …………………… (14)

经济适用住房管理办法

第一章　总　则 …………………………………………… (17)
第二章　优惠和支持政策 ………………………………… (18)
第三章　建设管理 ………………………………………… (18)
第四章　价格管理 ………………………………………… (20)
第五章　准入和退出管理 ………………………………… (20)
第六章　单位集资合作建房 ……………………………… (22)
第七章　监督管理 ………………………………………… (23)
第八章　附　则 …………………………………………… (24)

廉租住房保障办法

第一章　总　　则 ……………………………………（27）
第二章　保障方式 ……………………………………（27）
第三章　保障资金及房屋来源 ………………………（28）
第四章　申请与核准 …………………………………（30）
第五章　监督管理 ……………………………………（32）
第六章　法律责任 ……………………………………（34）
第七章　附　　则 ……………………………………（34）

公共租赁住房管理办法

第一章　总　　则 ……………………………………（35）
第二章　申请与审核 …………………………………（36）
第三章　轮候与配租 …………………………………（37）
第四章　使用与退出 …………………………………（40）
第五章　法律责任 ……………………………………（42）
第六章　附　　则 ……………………………………（43）
附　录
　　住房城乡建设部、财政部、国家发展改革委关于
　　　公共租赁住房和廉租住房并轨运行的通知 ………（44）
　　关于公共租赁住房税收优惠政策的通知 …………（47）

商品房屋租赁管理办法

商品房屋租赁管理办法 ………………………………（49）

最新住房保障政策

国务院办公厅关于加快培育和发展住房租赁市场的
　　若干意见 ……………………………………………（54）

关于在人口净流入的大中城市加快发展住房
　　租赁市场的通知 ……………………………………（59）
住房城乡建设部　财政部关于做好城镇住房保障家庭
　　租赁补贴工作的指导意见 ………………………（63）
住房城乡建设部关于支持北京市、上海市开展共有产权
　　住房试点的意见 …………………………………（67）
中国人民银行、中国银行业监督管理委员会关于调整
　　个人住房贷款政策有关问题的通知 ……………（69）
优抚对象住房优待办法 ………………………………（71）
国土资源部办公厅关于妥善处理少数住宅建设用地
　　使用权到期问题的复函 …………………………（73）
建立城乡居民住宅地震巨灾保险制度实施方案 ……（74）

城市危险房屋管理规定

第一章　总　则 ………………………………………（81）
第二章　鉴　定 ………………………………………（82）
第三章　治　理 ………………………………………（84）
第四章　法律责任 ……………………………………（84）
第五章　附　则 ………………………………………（85）

农村危房改造政策办法

中央农村危房改造补助资金管理暂行办法 …………（86）
农村危房改造激励措施实施办法（试行）……………（91）
农村危房改造最低建设要求（试行）…………………（94）
住房城乡建设部　财政部　国务院扶贫办关于加强建档立卡
　　贫困户等重点对象危房改造工作的指导意见 …（100）
住房城乡建设部　财政部　国务院扶贫办关于加强和完善建档
　　立卡贫困户等重点对象农村危房改造若干问题的通知 ……（104）

— 3 —

住宅专项维修资金管理办法

住宅专项维修资金管理办法……………………………（109）
住房城乡建设部办公厅、财政部办公厅关于进一步发挥
　住宅专项维修资金在老旧小区和电梯更新改造中
　支持作用的通知……………………………………（121）

城市房屋白蚁防治管理规定

城市房屋白蚁防治管理规定…………………………（126）

住房保障档案管理办法

第一章　总　　则……………………………………（130）
第二章　归档范围……………………………………（132）
第三章　归档管理……………………………………（133）
第四章　信息利用……………………………………（135）
第五章　监督管理……………………………………（135）
第六章　附　　则……………………………………（136）

住房公积金管理条例

中华人民共和国国务院令

第 350 号

现公布《国务院关于修改〈住房公积金管理条例〉的决定》,自公布之日起施行。

总理 朱镕基

二〇〇二年三月二十四日

(1999年4月3日中华人民共和国国务院令第262号发布;根据2002年3月24日中华人民共和国国务院令第350号公布的《国务院关于修改〈住房公积金管理条例〉的决定》修订)

第一章 总 则

第一条 为了加强对住房公积金的管理,维护住房公积金所有者的合法权益,促进城镇住房建设,提高城镇居民的居住水平,制定本条例。

第二条　本条例适用于中华人民共和国境内住房公积金的缴存、提取、使用、管理和监督。

本条例所称住房公积金，是指国家机关、国有企业、城镇集体企业、外商投资企业、城镇私营企业及其他城镇企业、事业单位、民办非企业单位、社会团体（以下统称单位）及其在职职工缴存的长期住房储金。

第三条　职工个人缴存的住房公积金和职工所在单位为职工缴存的住房公积金，属于职工个人所有。

第四条　住房公积金的管理实行住房公积金管理委员会决策、住房公积金管理中心运作、银行专户存储、财政监督的原则。

第五条　住房公积金应当用于职工购买、建造、翻建、大修自住住房，任何单位和个人不得挪作他用。

第六条　住房公积金的存、贷利率由中国人民银行提出，经征求国务院建设行政主管部门的意见后，报国务院批准。

第七条　国务院建设行政主管部门会同国务院财政部门、中国人民银行拟定住房公积金政策，并监督执行。

省、自治区人民政府建设行政主管部门会同同级财政部门以及中国人民银行分支机构，负责本行政区域内住房公积金管理法规、政策执行情况的监督。

第二章　机构及其职责

第八条　直辖市和省、自治区人民政府所在地的市以及其他设区的市（地、州、盟），应当设立住房公积金管理委员会，作为住房公积金管理的决策机构。住房公积金管理委员会的成员中，人民政府负责人和建设、财政、人民银行等有关部门负责人以及有关专家占1/3，工会代表和职工代表占1/3，单位代表占1/3。

住房公积金管理委员会主任应当由具有社会公信力的人士担任。

第九条 住房公积金管理委员会在住房公积金管理方面履行下列职责：

（一）依据有关法律、法规和政策，制定和调整住房公积金的具体管理措施，并监督实施；

（二）根据本条例第十八条的规定，拟订住房公积金的具体缴存比例；

（三）确定住房公积金的最高贷款额度；

（四）审批住房公积金归集、使用计划；

（五）审议住房公积金增值收益分配方案；

（六）审批住房公积金归集、使用计划执行情况的报告。

第十条 直辖市和省、自治区人民政府所在地的市以及其他设区的市（地、州、盟）应当按照精简、效能的原则，设立一个住房公积金管理中心，负责住房公积金的管理运作。县（市）不设立住房公积金管理中心。

前款规定的住房公积金管理中心可以在有条件的县（市）设立分支机构。住房公积金管理中心与其分支机构应当实行统一的规章制度，进行统一核算。

住房公积金管理中心是直属城市人民政府的不以营利为目的的独立的事业单位。

第十一条 住房公积金管理中心履行下列职责：

（一）编制、执行住房公积金的归集、使用计划；

（二）负责记载职工住房公积金的缴存、提取、使用等情况；

（三）负责住房公积金的核算；

（四）审批住房公积金的提取、使用；

（五）负责住房公积金的保值和归还；

（六）编制住房公积金归集、使用计划执行情况的报告；

（七）承办住房公积金管理委员会决定的其他事项。

第十二条 住房公积金管理委员会应当按照中国人民银行的有关规定，指定受委托办理住房公积金金融业务的商业银行（以下简称受委托银行）；住房公积金管理中心应当委托受委托银行办理住房公积金贷款、结算等金融业务和住房公积金账户的设立、缴存、归还等手续。

住房公积金管理中心应当与受委托银行签订委托合同。

第三章　缴　存

第十三条 住房公积金管理中心应当在受委托银行设立住房公积金专户。

单位应当到住房公积金管理中心办理住房公积金缴存登记，经住房公积金管理中心审核后，到受委托银行为本单位职工办理住房公积金账户设立手续。每个职工只能有一个住房公积金账户。

住房公积金管理中心应当建立职工住房公积金明细帐，记载职工个人住房公积金的缴存、提取等情况。

第十四条 新设立的单位应当自设立之日起 30 日内到住房公积金管理中心办理住房公积金缴存登记，并自登记之日起 20 日内持住房公积金管理中心的审核文件，到受委托银行为本单位职工办理住房公积金账户设立手续。

单位合并、分立、撤销、解散或者破产的，应当自发生上述情况之日起 30 日内由原单位或者清算组织到住房公积金管理中心办理变更登记或者注销登记，并自办妥变更登记或者注销登记之日起 20 日内持住房公积金管理中心的审核文件，到受委托银行为本单位职工办理住房公积金账户转移或者封存手续。

第十五条 单位录用职工的，应当自录用之日起 30 日内到住房公积金管理中心办理缴存登记，并持住房公积金管理中心的审核文件，到受委托银行办理职工住房公积金账户的设立或者转移手续。

单位与职工终止劳动关系的，单位应当自劳动关系终止之日起30日内到住房公积金管理中心办理变更登记，并持住房公积金管理中心的审核文件，到受委托银行办理职工住房公积金账户转移或者封存手续。

第十六条 职工住房公积金的月缴存额为职工本人上一年度月平均工资乘以职工住房公积金缴存比例。

单位为职工缴存的住房公积金的月缴存额为职工本人上一年度月平均工资乘以单位住房公积金缴存比例。

第十七条 新参加工作的职工从参加工作的第二个月开始缴存住房公积金，月缴存额为职工本人当月工资乘以职工住房公积金缴存比例。

单位新调入的职工从调入单位发放工资之日起缴存住房公积金，月缴存额为职工本人当月工资乘以职工住房公积金缴存比例。

第十八条 职工和单位住房公积金的缴存比例均不得低于职工上一年度月平均工资的5%；有条件的城市，可以适当提高缴存比例。具体缴存比例由住房公积金管理委员会拟订，经本级人民政府审核后，报省、自治区、直辖市人民政府批准。

第十九条 职工个人缴存的住房公积金，由所在单位每月从其工资中代扣代缴。

单位应当于每月发放职工工资之日起5日内将单位缴存的和为职工代缴的住房公积金汇缴到住房公积金专户内，由受委托银行计入职工住房公积金账户。

第二十条 单位应当按时、足额缴存住房公积金，不得逾期缴存或者少缴。

对缴存住房公积金确有困难的单位，经本单位职工代表大会或者工会讨论通过，并经住房公积金管理中心审核，报住房公积金管理委员会批准后,可以降低缴存比例或者缓缴;待单位经济效益好转后,再提高缴存比例或者补缴缓缴。

第二十一条 住房公积金自存入职工住房公积金账户之日起按照国家规定的利率计息。

第二十二条 住房公积金管理中心应当为缴存住房公积金的职工发放缴存住房公积金的有效凭证。

第二十三条 单位为职工缴存的住房公积金,按照下列规定列支:

(一)机关在预算中列支;

(二)事业单位由财政部门核定收支后,在预算或者费用中列支;

(三)企业在成本中列支。

第四章 提取和使用

第二十四条 职工有下列情形之一的,可以提取职工住房公积金账户内的存储余额:

(一)购买、建造、翻建、大修自住住房的;

(二)离休、退休的;

(三)完全丧失劳动能力,并与单位终止劳动关系的;

(四)出境定居的;

(五)偿还购房贷款本息的;

(六)房租超出家庭工资收入的规定比例的。

依照前款第(二)、(三)、(四)项规定,提取职工住房公积金的,应当同时注销职工住房公积金账户。

职工死亡或者被宣告死亡的,职工的继承人、受遗赠人可以提取职工住房公积金账户内的存储余额;无继承人也无受遗赠人的,职工住房公积金账户内的存储余额纳入住房公积金的增值收益。

第二十五条 职工提取住房公积金账户内的存储余额的，所在单位应当予以核实，并出具提取证明。

职工应当持提取证明向住房公积金管理中心申请提取住房公积金。住房公积金管理中心应当自受理申请之日起3日内作出准予提取或者不准提取的决定，并通知申请人；准予提取的，由受委托银行办理支付手续。

第二十六条 缴存住房公积金的职工，在购买、建造、翻建、大修自住住房时，可以向住房公积金管理中心申请住房公积金贷款。

住房公积金管理中心应当自受理申请之日起15日内作出准予贷款或者不准贷款的决定，并通知申请人；准予贷款的，由受委托银行办理贷款手续。

住房公积金贷款的风险，由住房公积金管理中心承担。

第二十七条 申请人申请住房公积金贷款的，应当提供担保。

第二十八条 住房公积金管理中心在保证住房公积金提取和贷款的前提下，经住房公积金管理委员会批准，可以将住房公积金用于购买国债。

住房公积金管理中心不得向他人提供担保。

第二十九条 住房公积金的增值收益应当存入住房公积金管理中心在受委托银行开立的住房公积金增值收益专户，用于建立住房公积金贷款风险准备金、住房公积金管理中心的管理费用和建设城市廉租住房的补充资金。

第三十条 住房公积金管理中心的管理费用，由住房公积金管理中心按照规定的标准编制全年预算支出总额，报本级人民政府财政部门批准后，从住房公积金增值收益中上交本级财政，由本级财政拨付。

住房公积金管理中心的管理费用标准，由省、自治区、直辖市人民政府建设行政主管部门会同同级财政部门按照略高于国家规定的事业单位费用标准制定。

第五章 监　督

第三十一条　地方有关人民政府财政部门应当加强对本行政区域内住房公积金归集、提取和使用情况的监督，并向本级人民政府的住房公积金管理委员会通报。

住房公积金管理中心在编制住房公积金归集、使用计划时，应当征求财政部门的意见。

住房公积金管理委员会在审批住房公积金归集、使用计划和计划执行情况的报告时，必须有财政部门参加。

第三十二条　住房公积金管理中心编制的住房公积金年度预算、决算，应当经财政部门审核后，提交住房公积金管理委员会审议。

住房公积金管理中心应当每年定期向财政部门和住房公积金管理委员会报送财务报告，并将财务报告向社会公布。

第三十三条　住房公积金管理中心应当依法接受审计部门的审计监督。

第三十四条　住房公积金管理中心和职工有权督促单位按时履行下列义务：

（一）住房公积金的缴存登记或者变更、注销登记；

（二）住房公积金账户的设立、转移或者封存；

（三）足额缴存住房公积金。

第三十五条　住房公积金管理中心应当督促受委托银行及时办理委托合同约定的业务。

受委托银行应当按照委托合同的约定，定期向住房公积金管理中心提供有关的业务资料。

第三十六条　职工、单位有权查询本人、本单位住房公积金的缴存、提取情况，住房公积金管理中心、受委托银行不得拒绝。

职工、单位对住房公积金账户内的存储余额有异议的，可以申请受委托银行复核；对复核结果有异议的，可以申请住房公积金管理中心重新复核。受委托银行、住房公积金管理中心应当自收到申请之日起5日内给予书面答复。

职工有权揭发、检举、控告挪用住房公积金的行为。

第六章 罚 则

第三十七条 违反本条例的规定，单位不办理住房公积金缴存登记或者不为本单位职工办理住房公积金账户设立手续的，由住房公积金管理中心责令限期办理；逾期不办理的，处1万元以上5万元以下的罚款。

第三十八条 违反本条例的规定，单位逾期不缴或者少缴住房公积金的，由住房公积金管理中心责令限期缴存；逾期仍不缴存的，可以申请人民法院强制执行。

第三十九条 住房公积金管理委员会违反本条例规定审批住房公积金使用计划的，由国务院建设行政主管部门会同国务院财政部门或者由省、自治区人民政府建设行政主管部门会同同级财政部门，依据管理职权责令限期改正。

第四十条 住房公积金管理中心违反本条例规定，有下列行为之一的，由国务院建设行政主管部门或者省、自治区人民政府建设行政主管部门依据管理职权，责令限期改正；对负有责任的主管人员和其他直接责任人员，依法给予行政处分：

（一）未按照规定设立住房公积金专户的；

（二）未按照规定审批职工提取、使用住房公积金的；

（三）未按照规定使用住房公积金增值收益的；

（四）委托住房公积金管理委员会指定的银行以外的机构办理住房公积金金融业务的；

（五）未建立职工住房公积金明细账的；

（六）未为缴存住房公积金的职工发放缴存住房公积金的有效凭证的；

（七）未按照规定用住房公积金购买国债的。

第四十一条 违反本条例规定，挪用住房公积金的，由国务院建设行政主管部门或者省、自治区人民政府建设行政主管部门依据管理职权，追回挪用的住房公积金，没收违法所得；对挪用或者批准挪用住房公积金的人民政府负责人和政府有关部门负责人以及住房公积金管理中心负有责任的主管人员和其他直接责任人员，依照刑法关于挪用公款罪或者其他罪的规定，依法追究刑事责任；尚不够刑事处罚的，给予降级或者撤职的行政处分。

第四十二条 住房公积金管理中心违反财政法规的，由财政部门依法给予行政处罚。

第四十三条 违反本条例规定，住房公积金管理中心向他人提供担保的，对直接负责的主管人员和其他直接责任人员依法给予行政处分。

第四十四条 国家机关工作人员在住房公积金监督管理工作中滥用职权、玩忽职守、徇私舞弊，构成犯罪的，依法追究刑事责任；尚不构成犯罪的，依法给予行政处分。

第七章 附　则

第四十五条 住房公积金财务管理和会计核算的办法，由国务院财政部门商国务院建设行政主管部门制定。

第四十六条 本条例施行前尚未办理住房公积金缴存登记和职工住房公积金账户设立手续的单位，应当自本条例施行之日起60日内到住房公积金管理中心办理缴存登记，并到受委托银行办理职工住房公积金账户设立手续。

第四十七条 本条例自发布之日起施行。

附 录

住房城乡建设部关于住房公积金异地个人住房贷款有关操作问题的通知

建金〔2015〕135号

各省、自治区住房城乡建设厅,直辖市、新疆生产建设兵团住房公积金管理委员会、住房公积金管理中心:

为落实《关于发展住房公积金个人住房贷款业务的通知》(建金〔2014〕148号)要求,推进住房公积金异地贷款业务,支持缴存职工异地购房需求,保障缴存职工权益,现就有关问题通知如下:

一、职责分工

(一)缴存城市公积金中心(含分中心,下同)负责审核职工缴存和已贷款情况,向贷款城市公积金中心出具书面证明,并配合贷款城市公积金中心核实相关信息。

(二)贷款城市公积金中心及受委托银行负责异地贷款的业务咨询、受理、审核、发放、回收、变更及贷后管理工作,并承担贷款风险。

(三)贷款城市公积金中心与缴存城市公积金中心要定期对异地贷款情况进行核对,掌握提取、还款、变更和逾期情况。

二、办理流程

(一)贷款城市公积金中心接受职工的异地贷款业务咨询,并一次性告知贷款所需审核材料。

（二）职工本人或其委托人向缴存城市公积金中心提出申请，缴存城市公积金中心根据职工申请，核实职工缴存贷款情况，对未使用过住房公积金个人住房贷款或首次住房公积金个人住房贷款已经结清的缴存职工，出具《异地贷款职工住房公积金缴存使用证明》。

（三）贷款城市公积金中心受理职工异地贷款申请后，向缴存城市公积金中心核实《异地贷款职工住房公积金缴存使用证明》信息真实性和完整性。核实无误的，应按规定时限履行贷款审核审批手续，并将结果反馈缴存城市公积金中心。缴存城市公积金中心对职工异地贷款情况进行标识，并建立职工异地贷款情况明细台账。

（四）缴存职工在异地贷款还贷期间，如住房公积金个人账户转移，原缴存城市公积金中心应及时告知贷款城市公积金中心和转入城市公积金中心。转入城市公积金中心应在接收职工住房公积金账户后，及时对异地贷款情况重新标识和记录。

（五）异地贷款出现逾期时，缴存城市公积金中心应配合贷款城市公积金中心开展贷款催收等工作，根据贷款合同可扣划贷款职工公积金账户余额用于归还贷款。

三、相关要求

（一）各省、自治区住房城乡建设厅要加强对住房公积金异地贷款业务的指导监督。各城市和新疆生产建设兵团住房公积金管理委员会要抓紧出台异地贷款业务细则，确保异地贷款业务有序开展。

（二）异地贷款业务缴存信息核实联系人要尽职尽责。缴存城市公积金中心和贷款城市公积金中心要相互配合，认真核实相关信息。如信息核实联系人、联系方式有变动，请以书面形式，及时报我部住房公积金监管司予以更新。

（三）我部将建设全国住房公积金异地贷款业务信息交换系统。各城市和新疆生产建设兵团公积金中心要按照异地贷款政策要求，抓紧开展信息系统升级改造，优化个人住房贷款业务流程，适应全国异地贷款业务信息化要求。

中华人民共和国住房和城乡建设部

2015 年 9 月 15 日

住房城乡建设部、财政部、人民银行关于放宽提取住房公积金支付房租条件的通知

建金〔2015〕19号

各省、自治区、直辖市住房城乡建设厅（建委）、财政厅（局），新疆生产建设兵团建设局、财务局，中国人民银行上海总部、各分行、营业管理部、省会（首府）城市中心支行，直辖市、新疆生产建设兵团住房公积金管理委员会、住房公积金管理中心：

为保障住房公积金缴存职工合法权益，改进住房公积金提取机制，提高制度有效性和公平性，促进住房租赁市场发展，现就有关问题通知如下。

一、明确租房提取条件。职工连续足额缴存住房公积金满3个月，本人及配偶在缴存城市无自有住房且租赁住房的，可提取夫妻双方住房公积金支付房租。

二、规范租房提取额度。职工租住公共租赁住房的，按照实际房租支出全额提取；租住商品住房的，各地住房公积金管理委员会根据当地市场租金水平和租住住房面积，确定租房提取额度。

三、简化租房提取要件。职工租房提取应向住房公积金管理中心提出申请，并提供以下材料：租住公共租赁住房，提供房屋租赁合同和租金缴纳证明；租住商品住房，提供本人及配偶名下无房产的证明。因租房提取住房公积金需出具房产信息查询结果证明的，房地产管理部门不收取费用。

四、提高提取审核效率。各设区城市要加强住房公积金服务网点建设，方便职工办理提取业务，要积极创造条件，抓紧开展网上提取咨询和业务办理。缴存职工提取申请资料齐全、审核无误后应

即时办理。需对申请资料进一步核查时，应在受理提取申请之日起3个工作日内办结。提取支付住房租金，住房公积金管理中心可受缴存职工委托，定期将提取资金划转至缴存职工指定账户。

五、防范骗提套取行为。各设区城市要抓紧建立住房公积金、房屋交易和产权管理、公共租赁住房信息共享机制，核查职工租赁行为。对伪造合同、出具虚假证明、编造虚假租赁等骗提套取行为，住房公积金管理中心向职工工作单位通报，追回骗提套取资金，取消职工一定时限内提取住房公积金和申请住房公积金个人住房贷款资格。住房公积金管理中心将相关信息依法向社会公开并纳入征信系统；对协助造假的机构和人员，要严肃处理；构成犯罪的，依法追究刑事责任。

各设区城市要按照本通知要求，结合当地实际情况，抓紧制定实施细则，并报省、自治区住房城乡建设厅、财政厅和人民银行分支机构备案。

中华人民共和国住房和城乡建设部
中华人民共和国财政部
中国人民银行
2015年1月20日

经济适用住房管理办法

建设部　发展改革委　监察部　财政部
国土资源部　人民银行　税务总局关于印发
《经济适用住房管理办法》的通知
建住房〔2007〕258号

各省、自治区、直辖市人民政府，国务院各部委、各直属机构：

　　根据《国务院关于解决城市低收入家庭住房困难的若干意见》（国发〔2007〕24号），经国务院同意，现将修订后的《经济适用住房管理办法》印发给你们，请认真贯彻执行。

中华人民共和国建设部
国家发展和改革委员会
中华人民共和国监察部
中华人民共和国财政部
中华人民共和国国土资源部
中国人民银行
国家税务总局
二〇〇七年十一月十九日

第一章 总 则

第一条 为改进和规范经济适用住房制度，保护当事人合法权益，制定本办法。

第二条 本办法所称经济适用住房，是指政府提供政策优惠，限定套型面积和销售价格，按照合理标准建设，面向城市低收入住房困难家庭供应，具有保障性质的政策性住房。

本办法所称城市低收入住房困难家庭，是指城市和县人民政府所在地镇的范围内，家庭收入、住房状况等符合市、县人民政府规定条件的家庭。

第三条 经济适用住房制度是解决城市低收入家庭住房困难政策体系的组成部分。经济适用住房供应对象要与廉租住房保障对象相衔接。经济适用住房的建设、供应、使用及监督管理，应当遵守本办法。

第四条 发展经济适用住房应当在国家统一政策指导下，各地区因地制宜，政府主导、社会参与。市、县人民政府要根据当地经济社会发展水平、居民住房状况和收入水平等因素，合理确定经济适用住房的政策目标、建设标准、供应范围和供应对象等，并组织实施。省、自治区、直辖市人民政府对本行政区域经济适用住房工作负总责，对所辖市、县人民政府实行目标责任制管理。

第五条 国务院建设行政主管部门负责对全国经济适用住房工作的指导和实施监督。县级以上地方人民政府建设或房地产行政主管部门（以下简称"经济适用住房主管部门"）负责本行政区域内经济适用住房管理工作。

县级以上人民政府发展改革（价格）、监察、财政、国土资源、税务及金融管理等部门根据职责分工，负责经济适用住房有关工作。

第六条 市、县人民政府应当在解决城市低收入家庭住房困难发展规划和年度计划中，明确经济适用住房建设规模、项目布局和用地安排等内容，并纳入本级国民经济与社会发展规划和住房建设规划，及时向社会公布。

第二章 优惠和支持政策

第七条 经济适用住房建设用地以划拨方式供应。经济适用住房建设用地应纳入当地年度土地供应计划，在申报年度用地指标时单独列出，确保优先供应。

第八条 经济适用住房建设项目免收城市基础设施配套费等各种行政事业性收费和政府性基金。经济适用住房项目外基础设施建设费用，由政府负担。经济适用住房建设单位可以以在建项目作抵押向商业银行申请住房开发贷款。

第九条 购买经济适用住房的个人向商业银行申请贷款，除符合《个人住房贷款管理办法》规定外，还应当出具市、县人民政府经济适用住房主管部门准予购房的核准通知。

购买经济适用住房可提取个人住房公积金和优先办理住房公积金贷款。

第十条 经济适用住房的贷款利率按有关规定执行。

第十一条 经济适用住房的建设和供应要严格执行国家规定的各项税费优惠政策。

第十二条 严禁以经济适用住房名义取得划拨土地后，以补交土地出让金等方式，变相进行商品房开发。

第三章 建设管理

第十三条 经济适用住房要统筹规划、合理布局、配套建设，充分考虑城市低收入住房困难家庭对交通等基础设施条件的要求，合理安排区位布局。

第十四条 在商品住房小区中配套建设经济适用住房的，应当在项目出让条件中，明确配套建设的经济适用住房的建设总面积、单套建筑面积、套数、套型比例、建设标准以及建成后移交或者回购等事项，并以合同方式约定。

第十五条 经济适用住房单套的建筑面积控制在60平方米左右。市、县人民政府应当根据当地经济发展水平、群众生活水平、住房状况、家庭结构和人口等因素，合理确定经济适用住房建设规模和各种套型的比例，并进行严格管理。

第十六条 经济适用住房建设按照政府组织协调、市场运作的原则，可以采取项目法人招标的方式，选择具有相应资质和良好社会责任的房地产开发企业实施；也可以由市、县人民政府确定的经济适用住房管理实施机构直接组织建设。在经济适用住房建设中，应注重发挥国有大型骨干建筑企业的积极作用。

第十七条 经济适用住房的规划设计和建设必须按照发展节能省地环保型住宅的要求，严格执行《住宅建筑规范》等国家有关住房建设的强制性标准，采取竞标方式优选规划设计方案，做到在较小的套型内实现基本的使用功能。积极推广应用先进、成熟、适用、安全的新技术、新工艺、新材料、新设备。

第十八条 经济适用住房建设单位对其建设的经济适用住房工程质量负最终责任，向买受人出具《住宅质量保证书》和《住宅使用说明书》，并承担保修责任，确保工程质量和使用安全。有关住房质量和性能等方面的要求，应在建设合同中予以明确。

经济适用住房的施工和监理，应当采取招标方式，选择具有资质和良好社会责任的建筑企业和监理公司实施。

第十九条 经济适用住房项目可采取招标方式选择物业服务企

业实施前期物业服务，也可以在社区居委会等机构的指导下，由居民自我管理，提供符合居住区居民基本生活需要的物业服务。

第四章　价格管理

第二十条　确定经济适用住房的价格应当以保本微利为原则。其销售基准价格及浮动幅度，由有定价权的价格主管部门会同经济适用住房主管部门，依据经济适用住房价格管理的有关规定，在综合考虑建设、管理成本和利润的基础上确定并向社会公布。房地产开发企业实施的经济适用住房项目利润率按不高于3%核定；市、县人民政府直接组织建设的经济适用住房只能按成本价销售，不得有利润。

第二十一条　经济适用住房销售应当实行明码标价，销售价格不得高于基准价格及上浮幅度，不得在标价之外收取任何未予标明的费用。经济适用住房价格确定后应当向社会公布。价格主管部门应依法进行监督管理。

第二十二条　经济适用住房实行收费卡制度，各有关部门收取费用时，必须填写价格主管部门核发的交费登记卡。任何单位不得以押金、保证金等名义，变相向经济适用住房建设单位收取费用。

第二十三条　价格主管部门要加强成本监审，全面掌握经济适用住房成本及利润变动情况，确保经济适用住房做到质价相符。

第五章　准入和退出管理

第二十四条　经济适用住房管理应建立严格的准入和退出机制。经济适用住房由市、县人民政府按限定的价格，统一组织向符合购房条件的低收入家庭出售。经济适用住房供应实行申请、审核、公示和轮候制度。市、县人民政府应当制定经济适用住房申请、审核、公示和轮候的具体办法，并向社会公布。

第二十五条 城市低收入家庭申请购买经济适用住房应同时符合下列条件：

（一）具有当地城镇户口；

（二）家庭收入符合市、县人民政府划定的低收入家庭收入标准；

（三）无房或现住房面积低于市、县人民政府规定的住房困难标准。

经济适用住房供应对象的家庭收入标准和住房困难标准，由市、县人民政府根据当地商品住房价格、居民家庭可支配收入、居住水平和家庭人口结构等因素确定，实行动态管理，每年向社会公布一次。

第二十六条 经济适用住房资格申请采取街道办事处（镇人民政府）、市（区）、县人民政府逐级审核并公示的方式认定。审核单位应当通过入户调查、邻里访问以及信函索证等方式对申请人的家庭收入和住房状况等情况进行核实。申请人及有关单位、组织或者个人应当予以配合，如实提供有关情况。

第二十七条 经审核公示通过的家庭，由市、县人民政府经济适用住房主管部门发放准予购买经济适用住房的核准通知，注明可以购买的面积标准。然后按照收入水平、住房困难程度和申请顺序等因素进行轮候。

第二十八条 符合条件的家庭，可以持核准通知购买一套与核准面积相对应的经济适用住房。购买面积原则上不得超过核准面积。购买面积在核准面积以内的，按核准的价格购买；超过核准面积的部分，不得享受政府优惠，由购房人按照同地段同类普通商品住房的价格补交差价。

第二十九条 居民个人购买经济适用住房后，应当按照规定办理权属登记。房屋、土地登记部门在办理权属登记时，应当分别注明经济适用住房、划拨土地。

第三十条 经济适用住房购房人拥有有限产权。

购买经济适用住房不满5年，不得直接上市交易，购房人因特殊原因确需转让经济适用住房的，由政府按照原价格并考虑折旧和物价水平等因素进行回购。

购买经济适用住房满5年，购房人上市转让经济适用住房的，应按照届时同地段普通商品住房与经济适用住房差价的一定比例向政府交纳土地收益等相关价款，具体交纳比例由市、县人民政府确定，政府可优先回购；购房人也可以按照政府所定的标准向政府交纳土地收益等相关价款后，取得完全产权。

上述规定应在经济适用住房购买合同中予以载明，并明确相关违约责任。

第三十一条 已经购买经济适用住房的家庭又购买其他住房的，原经济适用住房由政府按规定及合同约定回购。政府回购的经济适用住房，仍应用于解决低收入家庭的住房困难。

第三十二条 已参加福利分房的家庭在退回所分房屋前不得购买经济适用住房，已购买经济适用住房的家庭不得再购买经济适用住房。

第三十三条 个人购买的经济适用住房在取得完全产权以前不得用于出租经营。

第六章 单位集资合作建房

第三十四条 距离城区较远的独立工矿企业和住房困难户较多的企业，在符合土地利用总体规划、城市规划、住房建设规划的前提下，经市、县人民政府批准，可以利用单位自用土地进行集资合作建房。参加单位集资合作建房的对象，必须限定在本单位符合市、县人民政府规定的低收入住房困难家庭。

第三十五条 单位集资合作建房是经济适用住房的组成部分，其建设标准、优惠政策、供应对象、产权关系等均按照经济适用住房的有关规定严格执行。单位集资合作建房应当纳入当地经济适用住房建设计划和用地计划管理。

第三十六条 任何单位不得利用新征用或新购买土地组织集资合作建房；各级国家机关一律不得搞单位集资合作建房。单位集资合作建房不得向不符合经济适用住房供应条件的家庭出售。

第三十七条 单位集资合作建房在满足本单位低收入住房困难家庭购买后，房源仍有少量剩余的，由市、县人民政府统一组织向符合经济适用住房购房条件的家庭出售，或由市、县人民政府以成本价收购后用作廉租住房。

第三十八条 向职工收取的单位集资合作建房款项实行专款管理、专项使用，并接受当地财政和经济适用住房主管部门的监督。

第三十九条 已参加福利分房、购买经济适用住房或参加单位集资合作建房的人员，不得再次参加单位集资合作建房。严禁任何单位借集资合作建房名义，变相实施住房实物分配或商品房开发。

第四十条 单位集资合作建房原则上不收取管理费用，不得有利润。

第七章　监督管理

第四十一条 市、县人民政府要加强对已购经济适用住房的后续管理，经济适用住房主管部门要切实履行职责，对已购经济适用住房家庭的居住人员、房屋的使用等情况进行定期检查，发现违规行为及时纠正。

第四十二条 市、县人民政府及其有关部门应当加强对经济适用住房建设、交易中违纪违法行为的查处。

（一）擅自改变经济适用住房或集资合作建房用地性质的，由国土资源主管部门按有关规定处罚。

（二）擅自提高经济适用住房或集资合作建房销售价格等价格违法行为的，由价格主管部门依法进行处罚。

（三）未取得资格的家庭购买经济适用住房或参加集资合作建房的，其所购买或集资建设的住房由经济适用住房主管部门限期按原价格并考虑折旧等因素作价收购；不能收购的，由经济适用住房主管部门责成其补缴经济适用住房或单位集资合作建房与同地段同类普通商品住房价格差，并对相关责任单位和责任人依法予以处罚。

第四十三条 对弄虚作假、隐瞒家庭收入和住房条件，骗购经济适用住房或单位集资合作建房的个人，由市、县人民政府经济适用住房主管部门限期按原价格并考虑折旧等因素作价收回所购住房，并依法和有关规定追究责任。对出具虚假证明的，依法追究相关责任人的责任。

第四十四条 国家机关工作人员在经济适用住房建设、管理过程中滥用职权、玩忽职守、徇私舞弊的，依法依纪追究责任；涉嫌犯罪的，移送司法机关处理。

第四十五条 任何单位和个人有权对违反本办法规定的行为进行检举和控告。

第八章 附 则

第四十六条 省、自治区、直辖市人民政府经济适用住房主管部门会同发展改革（价格）、监察、财政、国土资源、金融管理、税务主管部门根据本办法，可以制定具体实施办法。

第四十七条 本办法由建设部会同发展改革委、监察部、财政部、国土资源部、人民银行、税务总局负责解释。

第四十八条 本办法下发后尚未销售的经济适用住房，执行本办法有关准入和退出管理、价格管理、监督管理等规定；已销售的经济适用住房仍按原有规定执行。此前已审批但尚未开工的经济适用住房项目，凡不符合本办法规定内容的事项，应按本办法做相应调整。

第四十九条　建设部、发展改革委、国土资源部、人民银行《关于印发〈经济适用住房管理办法〉的通知》（建住房〔2004〕77号）同时废止。

廉租住房保障办法

中华人民共和国建设部令

第 162 号

《廉租住房保障办法》已经 2007 年 9 月 26 日建设部第 139 次常务会议讨论通过，经发展改革委、监察部、民政部、财政部、国土资源部、人民银行、税务总局、统计局联合签署，现予公布，自 2007 年 12 月 1 日起施行。

中华人民共和国建设部
中华人民共和国国家发展和改革委员会
中华人民共和国监察部
中华人民共和国民政部
中华人民共和国财政部
中华人民共和国国土资源部
中国人民银行
国家税务总局
国家统计局
2007 年 11 月 8 日

第一章　总　则

第一条　为促进廉租住房制度建设，逐步解决城市低收入家庭的住房困难，制定本办法。

第二条　城市低收入住房困难家庭的廉租住房保障及其监督管理，适用本办法。

本办法所称城市低收入住房困难家庭，是指城市和县人民政府所在地的镇范围内，家庭收入、住房状况等符合市、县人民政府规定条件的家庭。

第三条　市、县人民政府应当在解决城市低收入家庭住房困难的发展规划及年度计划中，明确廉租住房保障工作目标、措施，并纳入本级国民经济与社会发展规划和住房建设规划。

第四条　国务院建设主管部门指导和监督全国廉租住房保障工作。县级以上地方人民政府建设（住房保障）主管部门负责本行政区域内廉租住房保障管理工作。廉租住房保障的具体工作可以由市、县人民政府确定的实施机构承担。

县级以上人民政府发展改革（价格）、监察、民政、财政、国土资源、金融管理、税务、统计等部门按照职责分工，负责廉租住房保障的相关工作。

第二章　保障方式

第五条　廉租住房保障方式实行货币补贴和实物配租等相结合。货币补贴是指县级以上地方人民政府向申请廉租住房保障的城市低收入住房困难家庭发放租赁住房补贴，由其自行承租住房。实物配租是指县级以上地方人民政府向申请廉租住房保障的城市低收入住房困难家庭提供住房，并按照规定标准收取租金。

实施廉租住房保障，主要通过发放租赁补贴，增强城市低收入住房困难家庭承租住房的能力。廉租住房紧缺的城市，应当通过新建和收购等方式，增加廉租住房实物配租的房源。

第六条　市、县人民政府应当根据当地家庭平均住房水平、财政承受能力以及城市低收入住房困难家庭的人口数量、结构等因素，以户为单位确定廉租住房保障面积标准。

第七条　采取货币补贴方式的，补贴额度按照城市低收入住房困难家庭现住房面积与保障面积标准的差额、每平方米租赁住房补贴标准确定。

每平方米租赁住房补贴标准由市、县人民政府根据当地经济发展水平、市场平均租金、城市低收入住房困难家庭的经济承受能力等因素确定。其中对城市居民最低生活保障家庭，可以按照当地市场平均租金确定租赁住房补贴标准；对其他城市低收入住房困难家庭，可以根据收入情况等分类确定租赁住房补贴标准。

第八条　采取实物配租方式的，配租面积为城市低收入住房困难家庭现住房面积与保障面积标准的差额。

实物配租的住房租金标准实行政府定价。实物配租住房的租金，按照配租面积和市、县人民政府规定的租金标准确定。有条件的地区，对城市居民最低生活保障家庭，可以免收实物配租住房中住房保障面积标准内的租金。

第三章　保障资金及房屋来源

第九条　廉租住房保障资金采取多种渠道筹措。

廉租住房保障资金来源包括：

（一）年度财政预算安排的廉租住房保障资金；

（二）提取贷款风险准备金和管理费用后的住房公积金增值收益余额；

（三）土地出让净收益中安排的廉租住房保障资金；

（四）政府的廉租住房租金收入；

（五）社会捐赠及其他方式筹集的资金。

第十条 提取贷款风险准备金和管理费用后的住房公积金增值收益余额，应当全部用于廉租住房建设。

土地出让净收益用于廉租住房保障资金的比例，不得低于10%。

政府的廉租住房租金收入应当按照国家财政预算支出和财务制度的有关规定，实行收支两条线管理，专项用于廉租住房的维护和管理。

第十一条 对中西部财政困难地区，按照中央预算内投资补助和中央财政廉租住房保障专项补助资金的有关规定给予支持。

第十二条 实物配租的廉租住房来源主要包括：

（一）政府新建、收购的住房；

（二）腾退的公有住房；

（三）社会捐赠的住房；

（四）其他渠道筹集的住房。

第十三条 廉租住房建设用地，应当在土地供应计划中优先安排，并在申报年度用地指标时单独列出，采取划拨方式，保证供应。

廉租住房建设用地的规划布局，应当考虑城市低收入住房困难家庭居住和就业的便利。

廉租住房建设应当坚持经济、适用原则，提高规划设计水平，满足基本使用功能，应当按照发展节能省地环保型住宅的要求，推广新材料、新技术、新工艺。廉租住房应当符合国家质量安全标准。

第十四条 新建廉租住房，应当采取配套建设与相对集中建设相结合的方式，主要在经济适用住房、普通商品住房项目中配套建设。

新建廉租住房，应当将单套的建筑面积控制在50平方米以内，并根据城市低收入住房困难家庭的居住需要，合理确定套型结构。

配套建设廉租住房的经济适用住房或者普通商品住房项目，应当在用地规划、国有土地划拨决定书或者国有土地使用权出让合同中，明确配套建设的廉租住房总建筑面积、套数、布局、套型以及建成后的移交或回购等事项。

第十五条 廉租住房建设免征行政事业性收费和政府性基金。

鼓励社会捐赠住房作为廉租住房房源或捐赠用于廉租住房的资金。

政府或经政府认定的单位新建、购买、改建住房作为廉租住房，社会捐赠廉租住房房源、资金，按照国家规定的有关税收政策执行。

第四章 申请与核准

第十六条 申请廉租住房保障，应当提供下列材料：

（一）家庭收入情况的证明材料；

（二）家庭住房状况的证明材料；

（三）家庭成员身份证和户口簿；

（四）市、县人民政府规定的其他证明材料。

第十七条 申请廉租住房保障，按照下列程序办理：

（一）申请廉租住房保障的家庭，应当由户主向户口所在地街道办事处或者镇人民政府提出书面申请；

（二）街道办事处或者镇人民政府应当自受理申请之日起30日内，就申请人的家庭收入、家庭住房状况是否符合规定条件进行审核，提出初审意见并张榜公布，将初审意见和申请材料一并报送市（区）、县人民政府 建设（住房保障）主管部门；

（三）建设（住房保障）主管部门应当自收到申请材料之日起

15日内，就申请人的家庭住房状况是否符合规定条件提出审核意见，并将符合条件的申请人的申请材料转同级民政部门；

（四）民政部门应当自收到申请材料之日起15日内，就申请人的家庭收入是否符合规定条件提出审核意见，并反馈同级建设（住房保障）主管部门；

（五）经审核，家庭收入、家庭住房状况符合规定条件的，由建设（住房保障）主管部门予以公示，公示期限为15日；对经公示无异议或者异议不成立的，作为廉租住房保障对象予以登记，书面通知申请人，并向社会公开登记结果。

经审核，不符合规定条件的，建设（住房保障）主管部门应当书面通知申请人，说明理由。申请人对审核结果有异议的，可以向建设（住房保障）主管部门申诉。

第十八条 建设（住房保障）主管部门、民政等有关部门以及街道办事处、镇人民政府，可以通过入户调查、邻里访问以及信函索证等方式对申请人的家庭收入和住房状况等进行核实。申请人及有关单位和个人应当予以配合，如实提供有关情况。

第十九条 建设（住房保障）主管部门应当综合考虑登记的城市低收入住房困难家庭的收入水平、住房困难程度和申请顺序以及个人申请的保障方式等，确定相应的保障方式及轮候顺序，并向社会公开。

对已经登记为廉租住房保障对象的城市居民最低生活保障家庭，凡申请租赁住房货币补贴的，要优先安排发放补贴，基本做到应保尽保。

实物配租应当优先面向已经登记为廉租住房保障对象的孤、老、病、残等特殊困难家庭，城市居民最低生活保障家庭以及其他急需救助的家庭。

第二十条 对轮候到位的城市低收入住房困难家庭，建设（住房保障）主管部门或者具体实施机构应当按照已确定的保障方式，与其签订租赁住房补贴协议或者廉租住房租赁合同,予以发放租赁住房补贴或者配租廉租住房。

发放租赁住房补贴和配租廉租住房的结果,应当予以公布。

第二十一条 租赁住房补贴协议应当明确租赁住房补贴额度、停止发放租赁住房补贴的情形等内容。

廉租住房租赁合同应当明确下列内容:

(一)房屋的位置、朝向、面积、结构、附属设施和设备状况;

(二)租金及其支付方式;

(三)房屋用途和使用要求;

(四)租赁期限;

(五)房屋维修责任;

(六)停止实物配租的情形,包括承租人已不符合规定条件的,将所承租的廉租住房转借、转租或者改变用途,无正当理由连续6个月以上未在所承租的廉租住房居住或者未交纳廉租住房租金等;

(七)违约责任及争议解决办法,包括退回廉租住房、调整租金、依照有关法律法规规定处理等;

(八)其他约定。

第五章 监督管理

第二十二条 国务院建设主管部门、省级建设(住房保障)主管部门应当会同有关部门,加强对廉租住房保障工作的监督检查,并公布监督检查结果。

市、县人民政府应当定期向社会公布城市低收入住房困难家庭廉租住房保障情况。

第二十三条 市(区)、县人民政府建设(住房保障)主管部门应当按户建立廉租住房档案,并采取定期走访、抽查等方式,及时掌握城市低收入住房困难家庭的人口、收入及住房变动等有关情况。

第二十四条　已领取租赁住房补贴或者配租廉租住房的城市低收入住房困难家庭，应当按年度向所在地街道办事处或者镇人民政府如实申报家庭人口、收入及住房等变动情况。

街道办事处或者镇人民政府可以对申报情况进行核实、张榜公布，并将申报情况及核实结果报建设（住房保障）主管部门。

建设（住房保障）主管部门应当根据城市低收入住房困难家庭人口、收入、住房等变化情况，调整租赁住房补贴额度或实物配租面积、租金等；对不再符合规定条件的，应当停止发放租赁住房补贴，或者由承租人按照合同约定退回廉租住房。

第二十五条　城市低收入住房困难家庭不得将所承租的廉租住房转借、转租或者改变用途。

城市低收入住房困难家庭违反前款规定或者有下列行为之一的，应当按照合同约定退回廉租住房：

（一）无正当理由连续 6 个月以上未在所承租的廉租住房居住的；

（二）无正当理由累计 6 个月以上未交纳廉租住房租金的。

第二十六条　城市低收入住房困难家庭未按照合同约定退回廉租住房的，建设（住房保障）主管部门应当责令其限期退回；逾期未退回的，可以按照合同约定，采取调整租金等方式处理。

城市低收入住房困难家庭拒绝接受前款规定的处理方式的，由建设（住房保障）主管部门或者具体实施机构依照有关法律法规规定处理。

第二十七条　城市低收入住房困难家庭的收入标准、住房困难标准等以及住房保障面积标准，实行动态管理，由市、县人民政府每年向社会公布一次。

第二十八条　任何单位和个人有权对违反本办法规定的行为进行检举和控告。

第六章　法律责任

第二十九条　城市低收入住房困难家庭隐瞒有关情况或者提供虚假材料申请廉租住房保障的，建设（住房保障）主管部门不予受理，并给予警告。

第三十条　对以欺骗等不正当手段，取得审核同意或者获得廉租住房保障的，由建设（住房保障）主管部门给予警告；对已经登记但尚未获得廉租住房保障的，取消其登记；对已经获得廉租住房保障的，责令其退还已领取的租赁住房补贴，或者退出实物配租的住房并按市场价格补交以前房租。

第三十一条　廉租住房保障实施机构违反本办法规定，不执行政府规定的廉租住房租金标准的，由价格主管部门依法查处。

第三十二条　违反本办法规定，建设（住房保障）主管部门及有关部门的工作人员或者市、县人民政府确定的实施机构的工作人员，在廉租住房保障工作中滥用职权、玩忽职守、徇私舞弊的，依法给予处分；构成犯罪的，依法追究刑事责任。

第七章　附　则

第三十三条　对承租直管公房的城市低收入家庭，可以参照本办法有关规定，对住房保障面积标准范围内的租金予以适当减免。

第三十四条　本办法自 2007 年 12 月 1 日起施行。2003 年 12 月 31 日发布的《城镇最低收入家庭廉租住房管理办法》（建设部、财政部、民政部、国土资源部、国家税务总局令第 120 号）同时废止。

公共租赁住房管理办法

中华人民共和国住房和城乡建设部令
第 11 号

《公共租赁住房管理办法》已经第 84 次部常务会议审议通过，现予发布，自 2012 年 7 月 15 日起施行。

住房和城乡建设部部长
二〇一二年五月二十八日

第一章 总 则

第一条 为了加强对公共租赁住房的管理，保障公平分配，规范运营与使用，健全退出机制，制定本办法。

第二条 公共租赁住房的分配、运营、使用、退出和管理，适用本办法。

第三条 本办法所称公共租赁住房，是指限定建设标准和租金水平，面向符合规定条件的城镇中等偏下收入住房困难家庭、新就业无房职工和在城镇稳定就业的外来务工人员出租的保障性住房。

公共租赁住房通过新建、改建、收购、长期租赁等多种方式筹集，可以由政府投资，也可以由政府提供政策支持、社会力量投资。

公共租赁住房可以是成套住房，也可以是宿舍型住房。

第四条 国务院住房和城乡建设主管部门负责全国公共租赁住房的指导和监督工作。

县级以上地方人民政府住房城乡建设（住房保障）主管部门负责本行政区域内的公共租赁住房管理工作。

第五条 直辖市和市、县级人民政府住房保障主管部门应当加强公共租赁住房管理信息系统建设，建立和完善公共租赁住房管理档案。

第六条 任何组织和个人对违反本办法的行为都有权进行举报、投诉。

住房城乡建设（住房保障）主管部门接到举报、投诉，应当依法及时核实、处理。

第二章　申请与审核

第七条 申请公共租赁住房，应当符合以下条件：

（一）在本地无住房或者住房面积低于规定标准；

（二）收入、财产低于规定标准；

（三）申请人为外来务工人员的，在本地稳定就业达到规定年限。

具体条件由直辖市和市、县级人民政府住房保障主管部门根据本地区实际情况确定，报本级人民政府批准后实施并向社会公布。

第八条 申请人应当根据市、县级人民政府住房保障主管部门的规定，提交申请材料，并对申请材料的真实性负责。申请人应当书面同意市、县级人民政府住房保障主管部门核实其申报信息。

申请人提交的申请材料齐全的，市、县级人民政府住房保障主管部门应当受理，并向申请人出具书面凭证；申请材料不齐全的，应当一次性书面告知申请人需要补正的材料。

对在开发区和园区集中建设面向用工单位或者园区就业人员配租的公共租赁住房，用人单位可以代表本单位职工申请。

第九条　市、县级人民政府住房保障主管部门应当会同有关部门，对申请人提交的申请材料进行审核。

经审核，对符合申请条件的申请人，应当予以公示，经公示无异议或者异议不成立的，登记为公共租赁住房轮候对象，并向社会公开；对不符合申请条件的申请人，应当书面通知并说明理由。

申请人对审核结果有异议，可以向市、县级人民政府住房保障主管部门申请复核。市、县级人民政府住房保障主管部门应当会同有关部门进行复核，并在15个工作日内将复核结果书面告知申请人。

第三章　轮候与配租

第十条　对登记为轮候对象的申请人，应当在轮候期内安排公共租赁住房。

直辖市和市、县级人民政府住房保障主管部门应当根据本地区经济发展水平和公共租赁住房需求，合理确定公共租赁住房轮候期，报本级人民政府批准后实施并向社会公布。轮候期一般不超过5年。

第十一条　公共租赁住房房源确定后，市、县级人民政府住房保障主管部门应当制定配租方案并向社会公布。

配租方案应当包括房源的位置、数量、户型、面积，租金标准，供应对象范围，意向登记时限等内容。

企事业单位投资的公共租赁住房的供应对象范围，可以规定为本单位职工。

第十二条　配租方案公布后，轮候对象可以按照配租方案，到市、县级人民政府住房保障主管部门进行意向登记。

市、县级人民政府住房保障主管部门应当会同有关部门，在15个工作日内对意向登记的轮候对象进行复审。对不符合条件的，应当书面通知并说明理由。

第十三条　对复审通过的轮候对象，市、县级人民政府住房保障主管部门可以采取综合评分、随机摇号等方式，确定配租对象与配租排序。

综合评分办法、摇号方式及评分、摇号的过程和结果应当向社会公开。

第十四条　配租对象与配租排序确定后应当予以公示。公示无异议或者异议不成立的，配租对象按照配租排序选择公共租赁住房。

配租结果应当向社会公开。

第十五条　复审通过的轮候对象中享受国家定期抚恤补助的优抚对象、孤老病残人员等，可以优先安排公共租赁住房。优先对象的范围和优先安排的办法由直辖市和市、县级人民政府住房保障主管部门根据本地区实际情况确定，报本级人民政府批准后实施并向社会公布。

社会力量投资和用人单位代表本单位职工申请的公共租赁住房，只能向经审核登记为轮候对象的申请人配租。

第十六条　配租对象选择公共租赁住房后，公共租赁住房所有权人或者其委托的运营单位与配租对象应当签订书面租赁合同。

租赁合同签订前，所有权人或者其委托的运营单位应当将租赁合同中涉及承租人责任的条款内容和应当退回公共租赁住房的情形向承租人明确说明。

第十七条　公共租赁住房租赁合同一般应当包括以下内容：

（一）合同当事人的名称或姓名；

（二）房屋的位置、用途、面积、结构、室内设施和设备，以及使用要求；

（三）租赁期限、租金数额和支付方式；

（四）房屋维修责任；

（五）物业服务、水、电、燃气、供热等相关费用的缴纳责任；

（六）退回公共租赁住房的情形；

（七）违约责任及争议解决办法；

（八）其他应当约定的事项。

省、自治区、直辖市人民政府住房城乡建设（住房保障）主管部门应当制定公共租赁住房租赁合同示范文本。

合同签订后，公共租赁住房所有权人或者其委托的运营单位应当在30日内将合同报市、县级人民政府住房保障主管部门备案。

第十八条 公共租赁住房租赁期限一般不超过5年。

第十九条 市、县级人民政府住房保障主管部门应当会同有关部门，按照略低于同地段住房市场租金水平的原则，确定本地区的公共租赁住房租金标准，报本级人民政府批准后实施。

公共租赁住房租金标准应当向社会公布，并定期调整。

第二十条 公共租赁住房租赁合同约定的租金数额，应当根据市、县级人民政府批准的公共租赁住房租金标准确定。

第二十一条 承租人应当根据合同约定，按时支付租金。

承租人收入低于当地规定标准的，可以依照有关规定申请租赁补贴或者减免。

第二十二条 政府投资的公共租赁住房的租金收入按照政府非税收入管理的有关规定缴入同级国库，实行收支两条线管理，专项用于偿还公共租赁住房贷款本息及公共租赁住房的维护、管理等。

第二十三条 因就业、子女就学等原因需要调换公共租赁住房的，经公共租赁住房所有权人或者其委托的运营单位同意，承租人之间可以互换所承租的公共租赁住房。

第四章 使用与退出

第二十四条 公共租赁住房的所有权人及其委托的运营单位应当负责公共租赁住房及其配套设施的维修养护，确保公共租赁住房的正常使用。

政府投资的公共租赁住房维修养护费用主要通过公共租赁住房租金收入以及配套商业服务设施租金收入解决，不足部分由财政预算安排解决；社会力量投资建设的公共租赁住房维修养护费用由所有权人及其委托的运营单位承担。

第二十五条 公共租赁住房的所有权人及其委托的运营单位不得改变公共租赁住房的保障性住房性质、用途及其配套设施的规划用途。

第二十六条 承租人不得擅自装修所承租公共租赁住房。确需装修的，应当取得公共租赁住房的所有权人或其委托的运营单位同意。

第二十七条 承租人有下列行为之一的，应当退回公共租赁住房：

（一）转借、转租或者擅自调换所承租公共租赁住房的；

（二）改变所承租公共租赁住房用途的；

（三）破坏或者擅自装修所承租公共租赁住房，拒不恢复原状的；

（四）在公共租赁住房内从事违法活动的；

（五）无正当理由连续6个月以上闲置公共租赁住房的。

承租人拒不退回公共租赁住房的，市、县级人民政府住房保障主管部门应当责令其限期退回；逾期不退回的，市、县级人民政府住房保障主管部门可以依法申请人民法院强制执行。

第二十八条 市、县级人民政府住房保障主管部门应当加强对公共租赁住房使用的监督检查。

公共租赁住房的所有权人及其委托的运营单位应当对承租人使用公共租赁住房的情况进行巡查，发现有违反本办法规定行为的，应当及时依法处理或者向有关部门报告。

第二十九条 承租人累计6个月以上拖欠租金的，应当腾退所承租的公共租赁住房；拒不腾退的，公共租赁住房的所有权人或者其委托的运营单位可以向人民法院提起诉讼，要求承租人腾退公共租赁住房。

第三十条 租赁期届满需要续租的，承租人应当在租赁期满3个月前向市、县级人民政府住房保障主管部门提出申请。

市、县级人民政府住房保障主管部门应当会同有关部门对申请人是否符合条件进行审核。经审核符合条件的，准予续租，并签订续租合同。

未按规定提出续租申请的承租人，租赁期满应当腾退公共租赁住房；拒不腾退的，公共租赁住房的所有权人或者其委托的运营单位可以向人民法院提起诉讼，要求承租人腾退公共租赁住房。

第三十一条 承租人有下列情形之一的，应当腾退公共租赁住房：

（一）提出续租申请但经审核不符合续租条件的；

（二）租赁期内，通过购买、受赠、继承等方式获得其他住房并不再符合公共租赁住房配租条件的；

（三）租赁期内，承租或者承购其他保障性住房的。

承租人有前款规定情形之一的，公共租赁住房的所有权人或者其委托的运营单位应当为其安排合理的搬迁期，搬迁期内租金按照合同约定的租金数额缴纳。

搬迁期满不腾退公共租赁住房，承租人确无其他住房的，应当按照市场价格缴纳租金；承租人有其他住房的，公共租赁住房的所有权人或者其委托的运营单位可以向人民法院提起诉讼，要求承租人腾退公共租赁住房。

第三十二条 房地产经纪机构及其经纪人员不得提供公共租赁住房出租、转租、出售等经纪业务。

第五章 法律责任

第三十三条 住房城乡建设（住房保障）主管部门及其工作人员在公共租赁住房管理工作中不履行本办法规定的职责，或者滥用职权、玩忽职守、徇私舞弊的，对直接负责的主管人员和其他直接责任人员依法给予处分；构成犯罪的，依法追究刑事责任。

第三十四条 公共租赁住房的所有权人及其委托的运营单位违反本办法，有下列行为之一的，由市、县级人民政府住房保障主管部门责令限期改正，并处以3万元以下罚款：

（一）向不符合条件的对象出租公共租赁住房的；

（二）未履行公共租赁住房及其配套设施维修养护义务的；

（三）改变公共租赁住房的保障性住房性质、用途，以及配套设施的规划用途的。

公共租赁住房的所有权人为行政机关的，按照本办法第三十三条处理。

第三十五条 申请人隐瞒有关情况或者提供虚假材料申请公共租赁住房的，市、县级人民政府住房保障主管部门不予受理，给予警告，并记入公共租赁住房管理档案。

以欺骗等不正手段，登记为轮候对象或者承租公共租赁住房的，由市、县级人民政府住房保障主管部门处以1000元以下罚款，记入公共租赁住房管理档案；登记为轮候对象的，取消其登记；已承租公共租赁住房的，责令限期退回所承租公共租赁住房，并按市场价格补缴租金，逾期不退回的，可以依法申请人民法院强制执行，承租人自退回公共租赁住房之日起五年内不得再次申请公共租赁住房。

第三十六条　承租人有下列行为之一的，由市、县级人民政府住房保障主管部门责令按市场价格补缴从违法行为发生之日起的租金，记入公共租赁住房管理档案，处以1000元以下罚款；有违法所得的，处以违法所得3倍以下但不超过3万元的罚款：

（一）转借、转租或者擅自调换所承租公共租赁住房的；

（二）改变所承租公共租赁住房用途的；

（三）破坏或者擅自装修所承租公共租赁住房，拒不恢复原状的；

（四）在公共租赁住房内从事违法活动的；

（五）无正当理由连续6个月以上闲置公共租赁住房的。

有前款所列行为，承租人自退回公共租赁住房之日起五年内不得再次申请公共租赁住房；造成损失的，依法承担赔偿责任。

第三十七条　违反本办法第三十二条的，依照《房地产经纪管理办法》第三十七条，由县级以上地方人民政府住房城乡建设（房地产）主管部门责令限期改正，记入房地产经纪信用档案；对房地产经纪人员，处以1万元以下罚款；对房地产经纪机构，取消网上签约资格，处以3万元以下罚款。

第六章　附　　则

第三十八条　省、自治区、直辖市住房城乡建设（住房保障）主管部门可以根据本办法制定实施细则。

第三十九条　本办法自2012年7月15日起施行。

附　录

住房城乡建设部、财政部、国家发展改革委关于公共租赁住房和廉租住房并轨运行的通知

建保〔2013〕178号

各省、自治区住房城乡建设厅、财政厅、发展改革委，北京市住房城乡建设委、财政局、发展改革委，上海市城乡建设交通委、住房保障房屋管理局、财政局、发展改革委，天津市城乡建设交通委、国土资源房屋管理局、财政局、发展改革委，重庆市国土资源房屋管理局、财政局、发展改革委，新疆生产建设兵团建设局、财务局、发展改革委：

根据《国务院批转发展改革委关于2013年深化经济体制改革重点工作意见的通知》（国发〔2013〕20号）和《国务院办公厅关于保障性安居工程建设和管理的指导意见》（国办发〔2011〕45号）等文件精神，从2014年起，各地公共租赁住房和廉租住房并轨运行，并轨后统称为公共租赁住房。现就有关事宜通知如下：

一、调整公共租赁住房年度建设计划

从2014年起，各地廉租住房（含购改租等方式筹集，下同）建设计划调整并入公共租赁住房年度建设计划。2014年以前年度已列入廉租住房年度建设计划的在建项目可继续建设，建成后统一纳入公共租赁住房管理。

二、整合公共租赁住房政府资金渠道

廉租住房并入公共租赁住房后,地方政府原用于廉租住房建设的资金来源渠道,调整用于公共租赁住房(含 2014 年以前在建廉租住房)建设。原用于租赁补贴的资金,继续用于补贴在市场租赁住房的低收入住房保障对象。

从 2014 年起,中央补助公共租赁住房建设资金以及租赁补贴资金继续由财政部安排,国家发展改革委原安排的中央用于新建廉租住房补助投资调整为公共租赁住房配套基础设施建设补助投资,并向西藏及青海、甘肃、四川、云南四省藏区、新疆自治区及新疆建设兵团所辖的南疆三地州等财力困难地区倾斜。

三、进一步完善公共租赁住房租金定价机制

各地要结合本地区经济发展水平、财政承受能力、住房市场租金水平、建设与运营成本、保障对象支付能力等因素,进一步完善公共租赁住房的租金定价机制,动态调整租金。

公共租赁住房租金原则上按照适当低于同地段、同类型住房市场租金水平确定。政府投资建设并运营管理的公共租赁住房,各地可根据保障对象的支付能力实行差别化租金,对符合条件的保障对象采取租金减免。社会投资建设并运营管理的公共租赁住房,各地可按规定对符合条件的低收入住房保障对象予以适当补贴。

各地可根据保障对象支付能力的变化,动态调整租金减免或补贴额度,直至按照市场价格收取租金。

四、健全公共租赁住房分配管理制度

各地要进一步完善公共租赁住房的申请受理渠道、审核准入程序,提高效率,方便群众。各地可以在综合考虑保障对象的住房困难程度、收入水平、申请顺序、保障需求以及房源等情况的基础上,合理确定轮候排序规则,统一轮候配租。已建成并分配入住的廉租住房统一纳入公共租赁住房管理,其租金水平仍按原有租金标准执行;已建成未入住的廉租住房以及在建的廉租住房项目建成后，要优先解决原廉租住房保障对象住房困难，剩余房源统一按公共租赁住房分配。

五、加强组织领导，有序推进并轨运行工作

公共租赁住房和廉租住房并轨运行是完善住房保障制度体系，提高保障性住房资源配置效率的有效措施；是改善住房保障公共服务的重要途径；是维护社会公平正义的具体举措。各地要进一步加强领导，精心组织，完善住房保障机构，充实人员，落实经费，理顺体制机制，扎实有序推进并轨运行工作。各地可根据本通知，结合实际情况，制定具体实施办法。

中华人民共和国住房和城乡建设部

中华人民共和国财政部

中华人民共和国国家发展和改革委员会

2013年12月2日

关于公共租赁住房税收优惠政策的通知

财税〔2015〕139号

各省、自治区、直辖市、计划单列市财政厅（局）、地方税务局，西藏、宁夏、青海省（自治区）国家税务局，新疆生产建设兵团财务局：

根据《国务院办公厅关于保障性安居工程建设和管理的指导意见》（国办发〔2011〕45号）和住房城乡建设部、财政部、国家税务总局等部门《关于加快发展公共租赁住房的指导意见》（建保〔2010〕87号）等文件精神，决定继续对公共租赁住房建设和运营给予税收优惠。现将有关政策通知如下：

一、对公共租赁住房建设期间用地及公共租赁住房建成后占地免征城镇土地使用税。在其他住房项目中配套建设公共租赁住房，依据政府部门出具的相关材料，按公共租赁住房建筑面积占总建筑面积的比例免征建设、管理公共租赁住房涉及的城镇土地使用税。

二、对公共租赁住房经营管理单位免征建设、管理公共租赁住房涉及的印花税。在其他住房项目中配套建设公共租赁住房，依据政府部门出具的相关材料，按公共租赁住房建筑面积占总建筑面积的比例免征建设、管理公共租赁住房涉及的印花税。

三、对公共租赁住房经营管理单位购买住房作为公共租赁住房，免征契税、印花税；对公共租赁住房租赁双方免征签订租赁协议涉及的印花税。

四、对企事业单位、社会团体以及其他组织转让旧房作为公共租赁住房房源，且增值额未超过扣除项目金额20%的，免征土地增值税。

五、企事业单位、社会团体以及其他组织捐赠住房作为公共租赁住房，符合税收法律法规规定的，对其公益性捐赠支出在年度利润总额12%以内的部分，准予在计算应纳税所得额时扣除。

个人捐赠住房作为公共租赁住房，符合税收法律法规规定的，对其公益性捐赠支出未超过其申报的应纳税所得额30%的部分，准予从其应纳税所得额中扣除。

六、对符合地方政府规定条件的低收入住房保障家庭从地方政府领取的住房租赁补贴，免征个人所得税。

七、对公共租赁住房免征房产税。对经营公共租赁住房所取得的租金收入，免征营业税。公共租赁住房经营管理单位应单独核算公共租赁住房租金收入，未单独核算的，不得享受免征营业税、房产税优惠政策。

八、享受上述税收优惠政策的公共租赁住房是指纳入省、自治区、直辖市、计划单列市人民政府及新疆生产建设兵团批准的公共租赁住房发展规划和年度计划，并按照《关于加快发展公共租赁住房的指导意见》（建保〔2010〕87号）和市、县人民政府制定的具体管理办法进行管理的公共租赁住房。

九、本通知执行期限为2016年1月1日至2018年12月31日。

财政部　国家税务总局
2015年12月30日

商品房屋租赁管理办法

商品房屋租赁管理办法

中华人民共和国住房和城乡建设部令
第6号

《商品房屋租赁管理办法》已经第12次部常务会议审议通过，现予发布，自2011年2月1日起施行。

住房和城乡建设部部长
2010年12月1日

第一条 为加强商品房屋租赁管理，规范商品房屋租赁行为，维护商品房屋租赁双方当事人的合法权益，根据《中华人民共和国城市房地产管理法》等有关法律、法规，制定本办法。

第二条 城市规划区内国有土地上的商品房屋租赁（以下简称房屋租赁）及其监督管理，适用本办法。

第三条 房屋租赁应当遵循平等、自愿、合法和诚实信用原则。

第四条 国务院住房和城乡建设主管部门负责全国房屋租赁的

指导和监督工作。

县级以上地方人民政府建设（房地产）主管部门负责本行政区域内房屋租赁的监督管理。

第五条 直辖市、市、县人民政府建设（房地产）主管部门应当加强房屋租赁管理规定和房屋使用安全知识的宣传，定期分区域公布不同类型房屋的市场租金水平等信息。

第六条 有下列情形之一的房屋不得出租：

（一）属于违法建筑的；

（二）不符合安全、防灾等工程建设强制性标准的；

（三）违反规定改变房屋使用性质的；

（四）法律、法规规定禁止出租的其他情形。

第七条 房屋租赁当事人应当依法订立租赁合同。房屋租赁合同的内容由当事人双方约定，一般应当包括以下内容：

（一）房屋租赁当事人的姓名（名称）和住所；

（二）房屋的坐落、面积、结构、附属设施，家具和家电等室内设施状况；

（三）租金和押金数额、支付方式；

（四）租赁用途和房屋使用要求；

（五）房屋和室内设施的安全性能；

（六）租赁期限；

（七）房屋维修责任；

（八）物业服务、水、电、燃气等相关费用的缴纳；

（九）争议解决办法和违约责任；

（十）其他约定。

房屋租赁当事人应当在房屋租赁合同中约定房屋被征收或者拆迁时的处理办法。

建设（房地产）管理部门可以会同工商行政管理部门制定房屋租赁合同示范文本，供当事人选用。

第八条 出租住房的,应当以原设计的房间为最小出租单位,人均租住建筑面积不得低于当地人民政府规定的最低标准。

厨房、卫生间、阳台和地下储藏室不得出租供人员居住。

第九条 出租人应当按照合同约定履行房屋的维修义务并确保房屋和室内设施安全。未及时修复损坏的房屋,影响承租人正常使用的,应当按照约定承担赔偿责任或者减少租金。

房屋租赁合同期内,出租人不得单方面随意提高租金水平。

第十条 承租人应当按照合同约定的租赁用途和使用要求合理使用房屋,不得擅自改动房屋承重结构和拆改室内设施,不得损害其他业主和使用人的合法权益。

承租人因使用不当等原因造成承租房屋和设施损坏的,承租人应当负责修复或者承担赔偿责任。

第十一条 承租人转租房屋的,应当经出租人书面同意。

承租人未经出租人书面同意转租的,出租人可以解除租赁合同,收回房屋并要求承租人赔偿损失。

第十二条 房屋租赁期间内,因赠与、析产、继承或者买卖转让房屋的,原房屋租赁合同继续有效。

承租人在房屋租赁期间死亡的,与其生前共同居住的人可以按照原租赁合同租赁该房屋。

第十三条 房屋租赁期间出租人出售租赁房屋的,应当在出售前合理期限内通知承租人,承租人在同等条件下有优先购买权。

第十四条 房屋租赁合同订立后三十日内,房屋租赁当事人应当到租赁房屋所在地直辖市、市、县人民政府建设(房地产)主管部门办理房屋租赁登记备案。

房屋租赁当事人可以书面委托他人办理租赁登记备案。

第十五条 办理房屋租赁登记备案,房屋租赁当事人应当提交下列材料:

(一)房屋租赁合同;

（二）房屋租赁当事人身份证明；

（三）房屋所有权证书或者其他合法权属证明；

（四）直辖市、市、县人民政府建设（房地产）主管部门规定的其他材料。

房屋租赁当事人提交的材料应当真实、合法、有效，不得隐瞒真实情况或者提供虚假材料。

第十六条 对符合下列要求的，直辖市、市、县人民政府建设（房地产）主管部门应当在三个工作日内办理房屋租赁登记备案，向租赁当事人开具房屋租赁登记备案证明：

（一）申请人提交的申请材料齐全并且符合法定形式；

（二）出租人与房屋所有权证书或者其他合法权属证明记载的主体一致；

（三）不属于本办法第六条规定不得出租的房屋。

申请人提交的申请材料不齐全或者不符合法定形式的，直辖市、市、县人民政府建设（房地产）主管部门应当告知房屋租赁当事人需要补正的内容。

第十七条 房屋租赁登记备案证明应当载明出租人的姓名或者名称、承租人的姓名或者名称、有效身份证件种类和号码、出租房屋的坐落、租赁用途、租金数额、租赁期限等。

第十八条 房屋租赁登记备案证明遗失的，应当向原登记备案的部门补领。

第十九条 房屋租赁登记备案内容发生变化、续租或者租赁终止的，当事人应当在三十日内，到原租赁登记备案的部门办理房屋租赁登记备案的变更、延续或者注销手续。

第二十条 直辖市、市、县建设（房地产）主管部门应当建立房屋租赁登记备案信息系统，逐步实行房屋租赁合同网上登记备案，并纳入房地产市场信息系统。

房屋租赁登记备案记载的信息应当包含以下内容：

（一）出租人的姓名（名称）、住所；

（二）承租人的姓名（名称）、身份证件种类和号码；

（三）出租房屋的坐落、租赁用途、租金数额、租赁期限；

（四）其他需要记载的内容。

第二十一条 违反本办法第六条规定的，由直辖市、市、县人民政府建设（房地产）主管部门责令限期改正，对没有违法所得的，可处以五千元以下罚款；对有违法所得的，可以处以违法所得一倍以上三倍以下，但不超过三万元的罚款。

第二十二条 违反本办法第八条规定的，由直辖市、市、县人民政府建设（房地产）主管部门责令限期改正，逾期不改正的，可处以五千元以上三万元以下罚款。

第二十三条 违反本办法第十四条第一款、第十九条规定的，由直辖市、市、县人民政府建设（房地产）主管部门责令限期改正；个人逾期不改正的，处以一千元以下罚款；单位逾期不改正的，处以一千元以上一万元以下罚款。

第二十四条 直辖市、市、县人民政府建设（房地产）主管部门对符合本办法规定的房屋租赁登记备案申请不予办理，对不符合本办法规定的房屋租赁登记备案申请予以办理，或者对房屋租赁登记备案信息管理不当，给租赁当事人造成损失的，对直接负责的主管人员和其他直接责任人员依法给予处分；构成犯罪的，依法追究刑事责任。

第二十五条 保障性住房租赁按照国家有关规定执行。

第二十六条 城市规划区外国有土地上的房屋租赁和监督管理，参照本办法执行。

第二十七条 省、自治区、直辖市人民政府住房和城乡建设主管部门可以依据本办法制定实施细则。

第二十八条 本办法自2011年2月1日起施行，建设部1995年5月9日发布的《城市房屋租赁管理办法》（建设部令第42号）同时废止。

最新住房保障政策

国务院办公厅关于加快培育和发展住房租赁市场的若干意见

国办发〔2016〕39号

各省、自治区、直辖市人民政府，国务院各部委、各直属机构：

实行购租并举，培育和发展住房租赁市场，是深化住房制度改革的重要内容，是实现城镇居民住有所居目标的重要途径。改革开放以来，我国住房租赁市场不断发展，对加快改善城镇居民住房条件、推动新型城镇化进程等发挥了重要作用，但市场供应主体发育不充分、市场秩序不规范、法规制度不完善等问题仍较为突出。为加快培育和发展住房租赁市场，经国务院同意，现提出以下意见。

一、总体要求

（一）指导思想。全面贯彻党的十八大和十八届三中、四中、五中全会以及中央城镇化工作会议、中央城市工作会议精神，认真落实国务院决策部署，按照"五位一体"总体布局和"四个全面"战略布局，牢固树立和贯彻落实创新、协调、绿色、开放、共享的发展理念，以建立购租并举的住房制度为主要方向，健全以市场配置为主、政府提供基本保障的住房租赁体系。支持住房租赁消费，促进住房租赁市场健康发展。

（二）发展目标。到 2020 年，基本形成供应主体多元、经营服务规范、租赁关系稳定的住房租赁市场体系，基本形成保基本、促公平、可持续的公共租赁住房保障体系，基本形成市场规则明晰、政府监管有力、权益保障充分的住房租赁法规制度体系，推动实现城镇居民住有所居的目标。

二、培育市场供应主体

（三）发展住房租赁企业。充分发挥市场作用，调动企业积极性，通过租赁、购买等方式多渠道筹集房源，提高住房租赁企业规模化、集约化、专业化水平，形成大、中、小住房租赁企业协同发展的格局，满足不断增长的住房租赁需求。按照《国务院办公厅关于加快发展生活性服务业促进消费结构升级的指导意见》（国办发〔2015〕85 号）有关规定，住房租赁企业享受生活性服务业的相关支持政策。

（四）鼓励房地产开发企业开展住房租赁业务。支持房地产开发企业拓展业务范围，利用已建成住房或新建住房开展租赁业务；鼓励房地产开发企业出租库存商品住房；引导房地产开发企业与住房租赁企业合作，发展租赁地产。

（五）规范住房租赁中介机构。充分发挥中介机构作用，提供规范的居间服务。努力提高中介服务质量，不断提升从业人员素质，促进中介机构依法经营、诚实守信、公平交易。

（八）支持和规范个人出租住房。落实鼓励个人出租住房的优惠政策，鼓励个人依法出租自有住房。规范个人出租住房行为，支持个人委托住房租赁企业和中介机构出租住房。

三、鼓励住房租赁消费

（七）完善住房租赁支持政策。各地要制定支持住房租赁消费的优惠政策措施，引导城镇居民通过租房解决居住问题。落实提取住房公积金支付房租政策,简化办理手续。非本地户籍承租人可按照《居住证暂行条例》等有关规定申领居住证,享受义务教育、医疗等国家规定的基本公共服务。

(八)明确各方权利义务。出租人应当按照相关法律法规和合同约定履行义务,保证住房和室内设施符合要求。住房租赁合同期限内,出租人无正当理由不得解除合同,不得单方面提高租金,不得随意克扣押金;承租人应当按照合同约定使用住房和室内设施,并按时缴纳租金。

四、完善公共租赁住房

(九)推进公租房货币化。转变公租房保障方式,实物保障与租赁补贴并举。支持公租房保障对象通过市场租房,政府对符合条件的家庭给予租赁补贴。完善租赁补贴制度,结合市场租金水平和保障对象实际情况,合理确定租赁补贴标准。

(十)提高公租房运营保障能力。鼓励地方政府采取购买服务或政府和社会资本合作(PPP)模式,将现有政府投资和管理的公租房交由专业化、社会化企业运营管理,不断提高管理和服务水平。在城镇稳定就业的外来务工人员、新就业大学生和青年医生、青年教师等专业技术人员,凡符合当地城镇居民公租房准入条件的,应纳入公租房保障范围。

五、支持租赁住房建设

(十一)鼓励新建租赁住房。各地应结合住房供需状况等因素,将新建租赁住房纳入住房发展规划,合理确定租赁住房建设规模,并在年度住房建设计划和住房用地供应计划中予以安排,引导土地、资金等资源合理配置,有序开展租赁住房建设。

(十二)允许改建房屋用于租赁。允许将商业用房等按规定改建为租赁住房,土地使用年限和容积率不变,土地用途调整为居住用地,调整后用水、用电、用气价格应当按照居民标准执行。允许将现有住房按照国家和地方的住宅设计规范改造后出租,改造中不得改变原有防火分区、安全疏散和防火分隔设施,必须确保消防设施完好有效。

六、加大政策支持力度

(十三)给予税收优惠。对依法登记备案的住房租赁企业、机构和个人,给予税收优惠政策支持。落实营改增关于住房租赁的有关政策,对个人出租住房的,由按照5%的征收率减按1.5%计算缴纳增值税;对个人出租住房月收入不超过3万元的,2017年底之前可按规定享受免征增值税政策;对房地产中介机构提供住房租赁经纪代理服务,适用6%的增值税税率;对一般纳税人出租在实施营改增试点前取得的不动产,允许选择适用简易计税办法,按照5%的征收率计算缴纳增值税。对个人出租住房所得,减半征收个人所得税;对个人承租住房的租金支出,结合个人所得税改革,统筹研究有关费用扣除问题。

(十四)提供金融支持。鼓励金融机构按照依法合规、风险可控、商业可持续的原则,向住房租赁企业提供金融支持。支持符合条件的住房租赁企业发行债券、不动产证券化产品。稳步推进房地产投资信托基金(REITs)试点。

(十五)完善供地方式。鼓励地方政府盘活城区存量土地,采用多种方式增加租赁住房用地有效供应。新建租赁住房项目用地以招标、拍卖、挂牌方式出让的,出让方案和合同中应明确规定持有出租的年限。

七、加强住房租赁监管

(十六)健全法规制度。完善住房租赁法律法规,明确当事人的权利义务,规范市场行为,稳定租赁关系。推行住房租赁合同示范文本和合同网上签约,落实住房租赁合同登记备案制度。

(十七)落实地方责任。省级人民政府要加强本地区住房租赁市场管理,加强工作指导,研究解决重点难点问题。城市人民政府对本行政区域内的住房租赁市场管理负总责,要建立多部门联合监管体制，明确职责分工，充分发挥街道、乡镇等基层组织作用，推行住房租赁网格化管理。加快建设住房租赁信息服务与监管平台，推进部门间信息共享。

（十八）加强行业管理。住房城乡建设部门负责住房租赁市场管理和相关协调工作，要会同有关部门加强住房租赁市场监管，完善住房租赁企业、中介机构和从业人员信用管理制度，全面建立相关市场主体信用记录，纳入全国信用信息共享平台，对严重失信主体实施联合惩戒。公安部门要加强出租住房治安管理和住房租赁当事人居住登记，督促指导居民委员会、村民委员会、物业服务企业以及其他管理单位排查安全隐患。各有关部门要按照职责分工，依法查处利用出租住房从事违法经营活动。

各地区、各有关部门要充分认识加快培育和发展住房租赁市场的重要意义，加强组织领导，健全工作机制，做好宣传引导，营造良好环境。各地区要根据本意见，研究制定具体实施办法，落实工作责任，确保各项工作有序推进。住房城乡建设部要会同有关部门对本意见落实情况进行督促检查。

国务院办公厅

2016年5月17日

关于在人口净流入的大中城市加快发展住房租赁市场的通知

建房〔2017〕153号

各省、自治区、直辖市住房城乡建设厅（建委、房地局）、发展改革委、公安厅（局）、国土资源主管部门、工商局（市场监督管理部门）、证监局，中国人民银行上海总部、各分行、营业管理部、省会（首府）城市中心支行、副省级城市中心支行，各省、自治区、直辖市、计划单列市财政厅（局）、国家税务局、地方税务局：

当前人口净流入的大中城市住房租赁市场需求旺盛、发展潜力大，但租赁房源总量不足、市场秩序不规范、政策支持体系不完善，租赁住房解决城镇居民特别是新市民住房问题的作用没有充分发挥。为进一步贯彻落实《国务院办公厅关于加快培育和发展住房租赁市场的若干意见》（国办发〔2016〕39号），加快推进租赁住房建设，培育和发展住房租赁市场，现就有关事项通知如下。

一、充分认识加快发展住房租赁市场的重要意义

党中央、国务院高度重视培育和发展住房租赁市场，近年来作出了一系列决策部署。各地区有关部门要将思想和行动统一到党中央、国务院的决策部署上来，充分认识到加快推进租赁住房建设、培育和发展住房租赁市场，是贯彻落实"房子是用来住的、不是用来炒的"这一定位的重要举措，是加快房地产市场供给侧结构性改革和建立购租并举住房制度的重要内容，是解决新市民住房问题、加快推进新型城镇化的重要方式，是实现全面建成小康社会住有所居目标的重大民生工程。

二、多措并举,加快发展住房租赁市场

(一)培育机构化、规模化住房租赁企业。

鼓励国有、民营的机构化、规模化住房租赁企业发展,鼓励房地产开发企业、经纪机构、物业服务企业设立子公司拓展住房租赁业务。人口净流入的大中城市要充分发挥国有企业的引领和带动作用,支持相关国有企业转型为住房租赁企业。住房租赁企业申请工商登记时,经营范围统一规范为住房租赁经营。公安部门要比照酒店业管理方式,将住房租赁企业登记的非本地户籍租住人员信息接入暂住人口管理信息系统,实现对租客信息的有效对接。加大对住房租赁企业的金融支持力度,拓宽直接融资渠道,支持发行企业债券、公司债券、非金融企业债务融资工具等公司信用类债券及资产支持证券,专门用于发展住房租赁业务。鼓励地方政府出台优惠政策,积极支持并推动发展房地产投资信托基金(REITs)。

(二)建设政府住房租赁交易服务平台。

城市住房城乡建设主管部门要会同有关部门共同搭建政府住房租赁交易服务平台,提供便捷的租赁信息发布服务,推行统一的住房租赁合同示范文本,实现住房租赁合同网上备案;建立住房租赁信息发布标准,确保信息真实准确,规范住房租赁交易流程,保障租赁双方特别是承租人的权益;建立健全住房租赁企业和房地产经纪机构备案制度,强化住房租赁信用管理,建立多部门守信联合激励和失信联合惩戒机制;加强住房租赁市场监测,为政府决策提供数据基础。

(三)增加租赁住房有效供应。

鼓励各地通过新增用地建设租赁住房,在新建商品住房项目中配建租赁住房等方式,多渠道增加新建租赁住房供应,优先面向公租房保障对象和新市民供应。按照国土资源部、住房城乡建设部的统一工作部署,超大城市、特大城市可开展利用集体建设用地建设租赁住房试点工作。鼓励开发性金融等银行业金融机构在风险可控、商业可持续的前提下,加大对租赁住房项目的信贷支持力度,通过合理测算未来租赁收入现金流,向住房租赁企业提供分期还本等符合经营特点的长期贷款和金融解决方案。支持金融机构创新针对住房租赁项目的金融产品和服务。鼓励住房租赁企业和金融机构运用利率衍生工具对冲利率风险。

积极盘活存量房屋用于租赁。鼓励住房租赁国有企业将闲置和低效利用的国有厂房、商业办公用房等,按规定改建为租赁住房;改建后的租赁住房,水电气执行民用价格,并应具备消防安全条件。探索采取购买服务模式,将公租房、人才公寓等政府或国有企业的房源,委托给住房租赁企业运营管理。

要落实"放管服"改革的总体要求,梳理新建、改建租赁住房项目立项、规划、建设、竣工验收、运营管理等规范性程序,建立快速审批通道,探索实施并联审批。

(四)创新住房租赁管理和服务体制。

各地要建立部门相互协作配合的工作机制,明确住房城乡建设、发展改革、公安、财政、国土资源、金融、税务、工商等部门在规范发展住房租赁市场工作中的职责分工,整顿规范市场秩序,严厉打击住房租赁违法违规行为。推进部门间信息共享,承租人可按照国家有关规定凭登记备案的住房租赁合同等有关证明材料申领居住证,享受相关公共服务。充分发挥街道、乡镇,尤其是居民委员会和村民委员会等基层组织的作用,将住房租赁管理和服务的重心下移,实行住房租赁的网格化管理;建立纠纷调处机制,及时化解租赁矛盾纠纷。

三、工作要求

(一)加强组织领导。各地区有关部门要切实加强组织领导,健全工作机制,做好宣传引导,营造良好环境。要结合当地实际研究制定具体实施办法,落实工作责任,确保各项工作有序推进。

(二)积极开展试点。选取部分人口净流入的大中城市开展试点工作。试点期间，各城市应于每年1、4、7、10月的15日前，定期报送上一季度试点工作进展情况，由省级住房城乡建设部门汇总后报送住房城乡建设部、国家发展改革委、财政部和国土资源部。住房城乡建设部会同有关部门及时总结试点工作取得的经验，形成一批可复制、可推广的试点成果，向全国进行推广。

（三）加强督促指导。各地区有关部门要按照职责分工，加强对人口净流入的大中城市发展住房租赁市场工作的督促指导。要注意分类指导，尊重基层首创精神，健全激励和容错纠错机制，允许进行差别化探索，发现问题及时纠偏。住房城乡建设部、国家发展改革委、财政部和国土资源部会同有关部门，跟踪指导各地工作开展情况，总结经验，不断完善政策。

住房城乡建设部

国家发展改革委

公安部

财政部

国土资源部

人民银行

税务总局

工商总局

证监会

2017年7月18日

住房城乡建设部　财政部关于做好城镇住房保障家庭租赁补贴工作的指导意见

建保〔2016〕281号

各省、自治区住房城乡建设厅、财政厅，北京市住房城乡建设委、财政局，天津市城乡建设委、国土资源房屋管理局、财政局，上海市住房城乡建设管理委、财政局，重庆市城乡建设委、国土资源房屋管理局、财政局，新疆生产建设兵团建设局、财务局：

为贯彻落实《国务院办公厅关于加快培育和发展住房租赁市场的若干意见》（国办发〔2016〕39号），进一步做好城镇住房保障家庭租赁补贴工作，完善住房保障制度，现提出以下意见：

一、总体要求

（一）指导思想。

深入贯彻党的十八大和十八届三中、四中、五中、六中全会以及中央城市工作会议精神，认真落实国务院决策部署，以建立购房与租房并举、市场配置与政府保障相结合的住房制度为主要方向，进一步完善住房保障制度。城镇住房保障采取实物配租与租赁补贴相结合的方式，逐步转向以租赁补贴为主。

（二）基本原则。

1. 因地制宜，因城施策。各地要根据经济发展水平、房地产市场状况、政府财政承受能力、住房保障对象需求等因素，合理确定租赁补贴的发放规模和发放对象。公租房存量较大、租赁补贴需求较小的地区，应加大公租房分配入住力度。

2. 市场导向，动态调整。各地要结合当地住房市场租金水平、人均住房面积等情况，合理确定租赁补贴标准和补贴面积等，建立健全租赁补贴制度，并动态调整。

3. 分类保障，差别补贴。根据住房保障家庭的住房困难程度和支付能力，各地可分类别、分层次对在市场租房居住的住房保障家庭予以差别化的租赁补贴，保障其基本居住需求。

二、明确租赁补贴具体政策

（一）研究制定准入条件。各地要研究制定租赁补贴申请家庭的住房、收入、财产等准入条件，原则上租赁补贴申请家庭的人均可支配收入应低于当地城镇人均可支配收入的一定比例，具体条件和比例由各地研究确定，并动态调整，向社会公布。

（二）分档确定补贴标准。各地要结合当地住房租赁市场的租金水平、补贴申请家庭支付能力以及财力水平等因素，分档确定租赁补贴的标准，具体标准由各地研究确定，并动态调整，向社会公布。

（三）合理确定租赁补贴面积。各地要结合租赁补贴申请家庭的成员数量和本地区人均住房面积等情况，合理确定租赁补贴面积标准，原则上住房保障家庭应租住中小户型住房，户均租赁补贴面积不超过60平方米，超出部分由住房保障家庭自行承担。

（四）加大政策支持力度。各地发放租赁补贴的户数列入全国城镇保障性安居工程年度计划。市、县财政要安排专项资金发放租赁补贴，省级财政要继续支持市、县租赁补贴工作，中央财政城镇保障性安居工程专项资金可统筹用于发放租赁补贴。

三、强化租赁补贴监督管理

（一）规范合同备案制度。租赁补贴申请家庭应与房屋产权人或其委托人签订租赁合同，并及时将租赁合同、房屋权属证明、租赁发票等材料提交住房城乡建设部门审核。各地要根据轮候排序结果,与补贴申请家庭签订租赁补贴协议,明确补贴标准、发放期限和停发补贴事项及违约责任等,并按月或季度发放租赁补贴,在每年12月25日前完成年度最后一次租赁补贴的核发。租赁补贴发放方式由各地自行确定,确保用于住房保障家庭租赁住房。

(二)建立退出机制。各地要按户建立租赁补贴档案,定期进行复核,及时掌握补贴发放家庭的人口、收入、住房等信息的变动状况。对符合条件的,继续发放租赁补贴;对不再符合租赁补贴保障条件的家庭,应终止发放租赁补贴。领取补贴期间申请实物配租公租房的,配租入住后停止发放租赁补贴。

(三)健全信息公开和监督机制。各地要建立健全租赁补贴的申请、受理、审核、公示和发放机制,全面公开租赁补贴的发放计划、发放对象、申请审核程序、发放结果及退出情况等信息,畅通投诉举报渠道,主动接受社会监督,确保租赁补贴发放的公平、公开、公正。

四、加强组织领导

(一)进一步提高对租赁补贴工作重要性的认识。切实做好城镇住房保障家庭租赁补贴有关工作,是优化住房保障方式,深化住房制度改革,加快改善城镇住房困难家庭居住条件的重要举措;也是引导城镇居民合理住房消费,促进房地产市场平稳健康发展,培育和发展住房租赁市场,推动新型城镇化进程的必然要求。各地要结合实际,研究出台或修订具体实施意见(方案),确保租赁补贴工作的顺利开展。

(二)明确部门职责及协调机制。各地要建立健全租赁补贴申请家庭对申请材料真实性负责的承诺、授权审核制度。住房城乡建设、财政等部门要根据职责,做好租赁补贴申请材料的受理、审核工作,建立信息共享机制,着力提高补贴发放资格审核的准确性,对符合条件的住房保障家庭及时予以公示。财政部门根据审核结果，及时拨付租赁补贴资金，并对资金使用情况履行监管职责。对租赁补贴工作中存在违法违规行为的单位或个人，应依法依规追究相关责任。

中华人民共和国住房和城乡建设部
中华人民共和国财政部
2016年12月8日

住房城乡建设部关于支持北京市、上海市开展共有产权住房试点的意见

建保〔2017〕210号

北京市住房城乡建设委、上海市住房城乡建设管理委：

习近平总书记指出，加快推进住房保障和供应体系建设，是满足群众基本住房需求、实现全体人民住有所居目标的重要任务，是促进社会公平正义、保证人民群众共享改革发展成果的必然要求。发展共有产权住房，是加快推进住房保障和供应体系建设的重要内容。目前，北京市、上海市积极发展共有产权住房，取得了阶段性成效。北京市制定《共有产权住房管理暂行办法》，明确了未来五年供应25万套共有产权住房的目标，着力满足城镇户籍无房家庭及符合条件新市民的基本住房需求。上海市截至2016年底已供应共有产权保障住房8.9万套，并明确了下一步发展目标，着力改善城镇中低收入住房困难家庭居住条件。经研究，决定在北京市、上海市开展共有产权住房试点。为支持两市开展共有产权住房试点工作，现提出以下意见：

一、总体要求。认真贯彻落实党中央、国务院决策部署，坚持"房子是用来住的、不是用来炒的"的定位，以满足新市民住房需求为主要出发点，以建立购租并举的住房制度为主要方向，以市场为主满足多层次需求，以政府为主提供基本保障，通过推进住房供给侧结构性改革，加快解决住房困难家庭的基本住房问题。

二、基本原则。坚持政府引导、政策支持，充分发挥市场机制的推动作用；坚持因地制宜、分类施策，满足基本住房需求。

三、供应对象。面向符合规定条件的住房困难群体供应，优先供应无房家庭，具体供应对象范围由两市人民政府确定。

四、管理制度。要制定共有产权住房具体管理办法，核心是建立完善的共有产权住房管理机制，包括配售定价、产权划分、使用管理、产权转让等规则，确保共有产权住房是用来住的，不是用来炒的。同时，要明确相关主体在共有产权住房使用、维护等方面的权利和义务。

五、运营管理主体。要明确由国有机构代表政府持有共有产权住房政府份额，并承担与承购人签订配售合同、日常使用管理、回购及再上市交易等事项。

六、政策支持。要确保共有产权住房用地供应，并落实好现有的财政、金融、税费等优惠政策。

七、规划建设。共有产权住房应以中小套型为主，要优化规划布局、设施配套和户型设计，抓好工程质量。

八、组织实施。要高度重视开展共有产权住房试点工作，在市委、市政府的统一部署和领导下，按照已经确定的工作目标和重点任务，扎实有序推进发展共有产权住房工作。同时，要以制度创新为核心，在建设模式、产权划分、使用管理、产权转让等方面进行大胆探索，力争形成可复制、可推广的试点经验。对共有产权住房试点工作中遇到的问题，请及时总结并报我部。

中华人民共和国住房和城乡建设部
2017 年 9 月 14 日

中国人民银行、中国银行业监督管理委员会关于调整个人住房贷款政策有关问题的通知

(摘自中国人民银行网站)

中国人民银行上海总部,各分行、营业管理部、省会(首府)城市中心支行、副省级城市中心支行;各省(自治区、直辖市)银监局;各国有商业银行、股份制商业银行,中国邮政储蓄银行:

为进一步支持合理住房消费,促进房地产市场平稳健康发展,按照国务院有关部署,现就个人住房贷款政策有关事项通知如下:

一、在不实施"限购"措施的城市,居民家庭首次购买普通住房的商业性个人住房贷款,原则上最低首付款比例为25%,各地可向下浮动5个百分点;对拥有1套住房且相应购房贷款未结清的居民家庭,为改善居住条件再次申请商业性个人住房贷款购买普通住房,最低首付款比例调整为不低于30%。

对于实施"限购"措施的城市,个人住房贷款政策按原规定执行。

二、在此基础上,人民银行、银监会各派出机构应按照"分类指导,因地施策"的原则,加强与地方政府的沟通,指导各省级市场利率定价自律机制结合当地不同城市实际情况自主确定辖区内商业性个人住房贷款的最低首付款比例。

三、银行业金融机构应结合各省级市场利率定价自律机制确定的最低首付款比例要求以及本机构商业性个人住房贷款投放政策、风险防控等因素,并根据借款人的信用状况、还款能力等合理确定具体首付款比例和利率水平。

四、加强住房金融宏观审慎管理。人民银行、银监会各派出机

构应强化对房地产贷款资产质量、区域集中度、机构稳健性的监测、分析和评估；督促各省级市场利率定价自律机制根据房地产形势变化及地方政府调控要求，及时对辖区内商业性个人住房贷款最低首付款比例进行自律调整，促进银行业金融机构住房金融业务稳健运行和当地房地产市场平稳健康发展。

请人民银行上海总部、各分行、营业管理部、省会（首府）城市中心支行、副省级城市中心支行，各省（自治区、直辖市）银监局将本通知联合转发至辖区内城市商业银行、农村商业银行、农村合作银行、城乡信用社、外资银行、村镇银行。

中国人民银行　中国银行业监督管理委员会
2016年2月1日

优抚对象住房优待办法

民政部　国土资源部　住房和城乡建设部
关于印发《优抚对象住房优待办法》的通知
民发〔2014〕79号

各省、自治区、直辖市民政厅（局）、国土资源厅（局）、住房城乡建设厅（建委、房地局、住房保障和房屋管理局），新疆生产建设兵团民政局、国土资源局、建设局：

　　现将《优抚对象住房优待办法》印发你们，请遵照执行。

　　　　　　　民政部　国土资源部　住房城乡建设部
　　　　　　　　　　　　　　　　2014年4月4日

　　一、为规范优抚对象住房优待工作，根据《军人抚恤优待条例》等法规规定，制定本办法。

　　二、本办法所称优抚对象是指享受国家定期抚恤补助的烈士遗属、因公牺牲军人遗属、病故军人遗属、退出现役的残疾军人、在乡退伍红军老战士、在乡西路军红军老战士、红军失散人员、在乡老复员军人、带病回乡退伍军人、参战退役人员、参加核试验军队退役人员（含直接参与铀矿开采军队退役人员）、烈士老年子女（含建国前错杀后被平反人员子女）以及年满60周岁农村籍退役士兵。

　　三、优抚对象住房优待以现行住房保障制度为依托，坚持政府主导、政策扶持、社会参与相结合，坚持属地管理、因地制宜。

　　四、优抚对象申请住房保障的，其依法享受的抚恤金、补助金、优待金和护理费等待遇,在准入审核中不计入家庭收入。

五、优抚对象申请经济适用住房、公共租赁住房、住房租赁补贴或农村危房改造的,同等条件下,应当优先安排。

六、优抚对象符合相应条件的,优先纳入灾后恢复重建、集中居住区建设等政策范围。

七、优抚对象办理房产、土地证件时,免交登记费、工本费;自建房时,免交基础设施配套费、拨地定桩测绘费等相关行政事业性收费和政府性基金。

八、符合供养条件的优抚对象,应当优先安排到当地光荣院、福利院等机构集中供养。

九、优抚对象以家庭为单位享受住房优待,家庭认定一般以户口簿为准。烈士、因公牺牲军人、病故军人家庭分户的,其配偶及子女视为一个家庭,父母及未成年弟妹视为一个家庭,生前父母已离异的,按照家庭实际情况认定。

十、各省、自治区、直辖市民政、住房城乡建设(住房保障)、国土资源部门应当根据本办法并结合本地区实际制定具体实施办法,切实落实优抚对象住房优待。

十一、本办法自印发之日起施行。

国土资源部办公厅关于妥善处理少数住宅建设用地使用权到期问题的复函

国土资厅函〔2016〕1712号

浙江省国土资源厅：

《关于如何处理少数住宅用地使用权到期问题的请示》（浙土资〔2016〕64号）收悉。经认真研究并征得住房和城乡建设部同意，现将有关问题答复如下：

《物权法》第149条规定："住宅建设用地使用权期间届满的，自动续期"。《中共中央国务院关于完善产权保护制度依法保护产权的意见》（中发〔2016〕28号）提出，"研究住宅建设用地等土地使用权到期后续期的法律安排，推动形成全社会对公民财产长久受保护的良好和稳定预期"。在尚未对住宅建设用地等土地使用权到期后续期作出法律安排前，少数住宅建设用地使用权期间届满的，可按以下过渡性办法处理：

一、不需要提出续期申请。少数住宅建设用地使用权期间届满的，权利人不需要专门提出续期申请。

二、不收取费用。市、县国土资源主管部门不收取相关费用。

三、正常办理交易和登记手续。此类住房发生交易时，正常办理房地产交易和不动产登记手续，涉及"土地使用期限"仍填写该住宅建设用地使用权的原起始日期和到期日期，并注明："根据《国土资源部办公厅关于妥善处理少数住宅建设用地使用权到期问题的复函》（国土资厅函〔2016〕1712号）办理相关手续"。

2016年12月8日

建立城乡居民住宅地震巨灾保险制度实施方案

中国保监会 财政部关于印发
《建立城乡居民住宅地震巨灾保险制度实施方案》的通知
保监发〔2016〕39号

各保监局,各省、自治区、直辖市、计划单列市财政厅(局),新疆生产建设兵团财务局,中国保险保障基金有限责任公司,中国保险信息技术管理有限责任公司,中国保险行业协会,各财产保险公司,各再保险公司:

  为贯彻落实十八届三中全会精神和《国务院关于加快发展现代保险服务业的若干意见》(国发〔2014〕29号),保监会、财政部会同相关部门制定了《建立城乡居民住宅地震巨灾保险制度实施方案》,现予印发,请认真组织实施。

中国保监会 财政部
2016年5月11日

  为贯彻落实十八届三中全会精神和《国务院关于加快发展现代保险服务业的若干意见》(国发〔2014〕29号),保监会、财政部会同相关单位按照民生优先原则,选择地震灾害为主要灾因,以住宅这一城乡居民最重要的财产为保障对象,拟先行建立城乡居民住宅地震巨灾保险制度,在《地震巨灾保险条例》(以下简称《条例》)出台前开展实践探索。为保证制度顺利实施,制定本方案。

一、基本思路和实施原则

（一）基本思路。

统筹考虑现实需要和长远规划，以地震巨灾保险为突破口，开发城乡居民住宅地震巨灾保险产品，成立中国城乡居民住宅地震巨灾保险共同体（以下简称住宅地震共同体），在全国范围内推动城乡居民住宅地震巨灾保险制度，尽早惠及民生。

（二）实施原则。

坚持"政府推动、市场运作、保障民生"的原则。

1. 政府推动。更好地发挥政府的作用，为地震巨灾保险制度的建立和稳定运行营造良好的制度环境、法律环境和政策环境。筹划顶层设计，制定地震巨灾保险制度框架体系，研究相关立法，制定支持政策。

2. 市场运作。发挥市场在资源配置中的决定性作用，引导商业保险公司积极参与地震巨灾保险制度建设，提高全社会地震灾害风险管理水平。发挥商业保险公司在风险管理、专业技术、服务能力和营业网点等方面的优势，为地震巨灾保险提供承保理赔服务，利用保险产品的价格调节作用，通过风险定价和差别费率，引导社会提高建筑物抗震质量，运用国内外再保险市场和资本市场，有效分散风险。

3. 保障民生。满足人民群众地震灾害风险保障需求，为受灾地区提供经济补偿，加快恢复重建。通过科学设计保险产品，合理厘定保险费率，满足人民群众的基本保障需求，充分扩大保障覆盖人群，有效降低保障成本。

二、保障方案

（一）保障对象和责任。

以城乡居民住宅为保障对象，考虑到我国地理环境的多元化、地区灾害和城乡居民住宅的差异性，运行初期，结合各地区房屋实际情况，原则上以达到国家建筑质量要求（包括抗震设防标准）的建筑物本身及室内附属设施为主，以破坏性地震振动及其引起的海啸、火灾、爆炸、地陷、泥石流及滑坡等次生灾害为主要保险责任。

（二）保险金额。

运行初期，结合我国居民住宅的总体结构情况、平均再建成本、灾后补偿救助水平等情况，按城乡有别确定保险金额，城镇居民住宅基本保额每户5万元，农村居民住宅基本保额每户2万元。每户可参考房屋市场价值，根据需要与保险公司协商确定保险金额。考虑到保险业发展水平，运行初期，保险金额最高不超过100万元，以后根据运行情况逐步提高，100万元以上部分可由保险公司提供商业保险补充。家庭拥有多处住房的，以住房地址为依据视为每户，可投保多户。

（三）条款费率。

运行初期，以一款中国保险行业协会发布的适用于全国的城乡居民住宅地震保险示范条款为主，可单独作为主险或作为普通家财险的附加险。按照地区风险高低、建筑结构不同、城乡差别拟定差异化的保险费率，并适时调整。

（四）赔偿处理。

由于各地房屋市场价值与重置价值差异较大，运行初期，从简化操作、快速推广的角度出发，产品设计为定值保险。理赔时，以保险金额为准，参照国家地震局、民政部等制定的国家标准，结合各地已开展的农房保险实际做法进行定损，并根据破坏等级分档理赔：破坏等级在Ⅰ-Ⅱ级时，标的基本完好，不予赔偿；破坏等级为Ⅲ级（中等破坏）时，按照保险金额的50%确定损失；破坏等级为Ⅳ级（严重破坏）及Ⅴ级（毁坏）时，按照保险金额的100%确定损失。确定损失后，在保险金额范围内计算赔偿。

三、运行模式

采取"整合承保能力、准备金逐年滚存、损失合理分层"的运行模式。

(一) 运行机制。

选择偿付能力充足、服务网点完善的保险公司作为地震巨灾保险经营主体，提供地震巨灾保险销售、承保及理赔等服务。保险公司通过销售地震巨灾保险产品，将保费集中，建立应对地震灾害的损失分层方案，分级负担地震风险。计提地震巨灾保险专项准备金，作为应对严重地震灾害的资金储备。

(二) 损失分层。

将地震造成的城乡居民住宅损失，按照"风险共担、分级负担"的原则分担。损失分层方案设定总体限额，由投保人、保险公司、再保险公司、地震巨灾保险专项准备金、财政支持等构成分担主体。投保人是地震巨灾保险产品的购买者，以自留的方式承担小额度的第一层损失。经营地震巨灾保险的保险公司，承担地震巨灾保险自留保费所对应的第二层损失。参与地震巨灾保险再保险经营的再保险公司，承担地震巨灾保险分入保费对应的第三层损失。地震巨灾保险专项准备金按照相关部门的具体管理办法提取，以专项准备金余额为限，承担第四层损失。当发生重大地震灾害，损失超过前四层分担额度的情况下，由财政提供支持或通过巨灾债券等紧急资金安排承担第五层损失。在第五层财政支持和其他紧急资金安排无法全部到位的情况下，由国务院保险监督管理机构会同有关部门报请国务院批准，启动赔付比例回调机制，以前四层分担额度及已到位的财政支持和紧急资金总和为限，对地震巨灾保险合同实行比例赔付。

运行初期，以"总额控制、限额管理"为主要思路，一方面，将全国范围内可能遭遇的一次地震损失控制在一定幅度内，确保保险公司、再保险公司和专项准备金可以逐层承担，另一方面，对地震高风险地区实行保险销售限额管理，避免遭遇特大地震灾害时，地震巨灾保险赔款超过以上各层可筹集到的资金总和。

（三）运行保障。

1. 住宅地震共同体。2015年4月，45家财产保险公司根据"自愿参与、风险共担"的原则发起成立住宅地震共同体。住宅地震共同体可以整合保险行业承保能力，搭建住宅地震共同体业务平台，开发标准化地震巨灾保险产品，建立统一的承保理赔服务标准，共同应对地震灾害，集中积累和管理灾害信息等。

2. 地震巨灾保险专项准备金。地震巨灾保险专项准备金是地震巨灾保险制度运行过程中，为增强风险抵御能力、应对重大灾害专门提取的专项准备金，行使跨期分散风险等职能。地震巨灾保险专项准备金按照保费收入一定比例计提，单独立账、逐年滚存，并由专门机构负责管理。地震巨灾保险专项准备金的提取、积累和使用，按照财政部门制定的具体管理办法执行。

四、实施步骤

结合当前实际，拟分步骤、分阶段实施，以《条例》出台为分界点，分为两个阶段：

（一）第一阶段。

《条例》出台前，面向城乡居民销售住宅地震巨灾保险产品。保险公司销售保险产品，承担保险责任，提供理赔服务。同时，研究建立地震巨灾保险专项准备金制度，允许保险公司提取专项准备金，实现跨年积累，并委托专门管理机构（如中国保险保障基金有限责任公司）设立专户管理。总结评估地震巨灾保险制度运行情况，测算次年保费规模，进一步完善地震巨灾保险制度的产品、服务和运行等。

这一阶段，鼓励地方政府通过农房保险等扩大地震风险保障覆盖面，与城乡居民住宅地震巨灾保险实现有效衔接。同时，研究推出适用现有农房保险、地方巨灾保险试点的地震巨灾保险产品，将以上业务逐步纳入我国巨灾保险制度建设。

（二）第二阶段。

《条例》出台后，完善地震巨灾保险制度的运行模式和组织架构。测算历史运营数据,优化损失分层方案,提高保障能力,在《条例》的指引下,不断完善城乡居民住宅地震巨灾保险制度运行模式。

五、保障措施

(一)加快地震巨灾保险立法进程。

对巨灾保险制度进行立法保障是世界各国确保巨灾保险制度各项措施落实的关键。巨灾保险制度的建立实施必须依靠完善的法律体系。需加快出台《条例》,为城乡居民住宅地震巨灾保险制度的实施提供法律保障。

(二)建立制度实施领导小组。

推进城乡居民住宅地震巨灾保险制度需要多部门合作,为加强沟通协调、统筹管理,由保监会、财政部牵头相关部门设立制度实施领导小组,办公室设在保监会财产保险监管部,具体负责推进制度落地实施。建立部门协调合作机制,加强沟通协调与配合,促进商业保险与社会保障有效衔接、保险服务与社会治理相互融合、商业机制与政府管理密切结合。建立信息共享机制,逐步实现地震等灾害数据共享,提升风险甄别水平和风险管理能力。

(三)制定专项准备金管理办法。

运行初期,由财政部门出台地震巨灾保险专项准备金管理办法,实现准备金跨期积累、跨区统筹。暂由中国保险保障基金有限责任公司设立专门账户代为管理。

(四)鼓励给予财政税收政策支持。

为提高民众购买产品的积极性,扩大城乡居民住宅地震巨灾保险覆盖面,实现分散风险和保障民生的重要作用,鼓励地方财政对民众购买城乡居民地震巨灾保险产品给予保费补贴,并按照国家税收法律法规的有关规定,对地震巨灾保险给予税收优惠。

(五)通过资源整合提高防灾减灾水平。

鼓励风险集中的地方政府出台地震巨灾保险制度的配套支持政

策，积极探索各类提高地震巨灾保险覆盖面的有效模式，逐步扩大覆盖面。鼓励保险公司将自有服务体系与政府灾害救助体系有效衔接，借助政府相关体系资源提升保险行业查勘定损效率。建立巨灾保险数据库，提高建筑物和基础设施设防标准，强化事前风险预防和事中风险控制，进一步完善国家综合防灾减灾体系。同时，加强地震巨灾保险制度的宣传和教育，提高全社会利用保险机制分散风险的意识，增强全社会的风险管理能力。

城市危险房屋管理规定

中华人民共和国建设部令
第 129 号

《建设部关于修改〈城市危险房屋管理规定〉的决定》已于 2004 年 7 月 13 日经建设部第 41 次常务会议讨论通过,现予发布,自发布之日起施行。

建设部部长
二〇〇四年七月二十日

(1989 年 11 月 21 日建设部令第 4 号发布;根据 2004 年 7 月 20 日中华人民共和国建设部令第 129 号公布的《建设部关于修改〈城市危险房屋管理规定〉的决定》修正)

第一章 总 则

第一条 为加强城市危险房屋管理,保障居住和使用安全,促进房屋有效利用，制定本规定。

第二条　本规定适用于城市（指直辖市、市、建制镇，下同）内各种所有制的房屋。

本规定所称危险房屋，系指结构已严重损坏或承重构件已属危险构件，随时有可能丧失结构稳定和承载能力，不能保证居住和使用安全的房屋。

第三条　房屋所有人、使用人，均应遵守本规定。

第四条　房屋所有人和使用人，应当爱护和正确使用房屋。

第五条　建设部负责全国的城市危险房屋管理工作。

县级以上地方人民政府房地产行政主管部门负责本辖区的城市危险房屋管理工作。

第二章　鉴　定

第六条　市、县人民政府房地产行政主管部门应设立房屋安全鉴定机构（以下简称鉴定机构），负责房屋的安全鉴定，并统一启用"房屋安全鉴定专用章"。

第七条　房屋所有人或使用人向当地鉴定机构提供鉴定申请时，必须持有证明其具备相关民事权利的合法证件。

鉴定机构接到鉴定申请后，应及时进行鉴定。

第八条　鉴定机构进行房屋安全鉴定应按下列程序进行：

（一）受理申请；

（二）初始调查，摸清房屋的历史和现状；

（三）现场查勘、测试、记录各种损坏数据和状况；

（四）检测验算，整理技术资料；

（五）全面分析，论证定性，作出综合判断，提出处理建议；

（六）签发鉴定文书。

第九条　对被鉴定为危险房屋的，一般可分为以下四类进行处理：

（一）观察使用。适用于采取适当安全技术措施后，尚能短期使用，但需继续观察的房屋。

（二）处理使用。适用于采取适当技术措施后，可解除危险的房屋。

（三）停止使用。适用于已无修缮价值，暂时不便拆除，又不危及相邻建筑和影响他人安全的房屋。

（四）整体拆除。适用于整幢危险且无修缮价值，需立即拆除的房屋。

第十条 进行安全鉴定，必须有两名以上鉴定人员参加。对特殊复杂的鉴定项目，鉴定机构可另外聘请专业人员或邀请有关部门派员参与鉴定。

第十一条 房屋安全鉴定应使用统一术语，填写鉴定文书，提出处理意见。

经鉴定属危险房屋的，鉴定机构必须及时发出危险房屋通知书；属于非危险房屋的，应在鉴定文书上注明在正常使用条件下的有效时限，一般不超过一年。

第十二条 房屋经安全鉴定后，鉴定机构可以收取鉴定费。鉴定费的收取标准，可根据当地情况，由鉴定机构提出，经市、县人民政府房地产行政主管部门会同物价部门批准后执行。

房屋所有人和使用人都可提出鉴定申请。经鉴定为危险房屋的，鉴定费由所有人承担；经鉴定为非危险房屋的，鉴定费由申请人承担。

第十三条 受理涉及危险房屋纠纷案件的仲裁或审判机关，可指定纠纷案件的当事人申请房屋安全鉴定；必要时，亦可直接提出房屋安全鉴定的要求。

第十四条 鉴定危险房屋执行部颁《危险房屋鉴定标准》(CJ—86)。对工业建筑、公共建筑、高层建筑及文物保护建筑等的鉴定，还应参照有关专业技术标准、规范和规程进行。

第三章 治 理

第十五条 房屋所有人应定期对其房屋进行安全检查。在暴风、雨雪季节，房屋所有人应做好排险解危的各项准备；市、县人民政府房地产行政主管部门要加强监督检查，并在当地政府统一领导下，做好抢险救灾工作。

第十六条 房屋所有人对危险房屋能解危的，要及时解危；解危暂时有困难的，应采取安全措施。

第十七条 房屋所有人对经鉴定的危险房屋，必须按照鉴定机构的处理建议，及时加固或修缮治理；如房屋所有人拒不按照处理建议修缮治理，或使用人有阻碍行为的，房地产行政主管部门有权指定有关部门代修，或采取其它强制措施。发生的费用由责任人承担。

第十八条 房屋所有人进行抢险解危需要办理各项手续时，各有关部门应给予支持，及时办理，以免延误时间发生事故。

第十九条 治理私有危险房屋，房屋所有人确有经济困难无力治理时，其所在单位可给予借贷；如系出租房屋，可以和承租人合资治理，承租人付出的修缮费用可以折抵租金或由出租人分期偿还。

第二十条 经鉴定机构鉴定为危险房屋，并需要拆除重建时，有关部门应酌情给予政策优惠。

第二十一条 异产毗连危险房屋的各所有人，应按照国家对异产毗连房屋的有关规定，共同履行治理责任。拒不承担责任的，由房屋所在地房地产行政主管部门调处；当事人不服的，可向当地人民法院起诉。

第四章 法律责任

第二十二条 因下列原因造成事故的，房屋所有人应承担民事或行政责任：

（一）有险不查或损坏不修；

（二）经鉴定机构鉴定为危险房屋而未采取有效的解危措施。

第二十三条 因下列原因造成事故的，使用人、行为人应承担民事责任：

（一）使用人擅自改变房屋结构、构件、设备或使用性质；

（二）使用人阻碍房屋所有人对危险房屋采取解危措施；

（三）行为人由于施工、堆物、碰撞等行为危及房屋。

第二十四条 有下列情况的，鉴定机构应承担民事或行政责任：

（一）因故意把非危险房屋鉴定为危险房屋而造成损失；

（二）因过失把危险房屋鉴定为非危险房屋，并在有效时限内发生事故；

（三）因拖延鉴定时间而发生事故。

第二十五条 有本章第二十二、二十三、二十四条所列行为，给他人造成生命财产损失，已构成犯罪的，由司法机关依法追究刑事责任。

第五章 附 则

第二十六条 县级以上地方人民政府房地产行政主管部门可依据本规定，结合当地情况，制定实施细则，经同级人民政府批准后，报上一级主管部门备案。

第二十七条 未设镇建制的工矿区可参照本规定执行。

第二十八条 本规定由建设部负责解释。

第二十九条 本规定自一九九〇年一月一日起施行。

农村危房改造政策办法

中央农村危房改造补助资金管理暂行办法

财政部关于印发
《中央农村危房改造补助资金管理暂行办法》的通知
财社〔2011〕88号

各省、自治区、直辖市财政厅（局）、发展和改革委员会、住房和城乡建设厅（局），新疆生产建设兵团财务局、发展和改革委员会、建设局：

  为规范和加强中央农村危房改造补助资金管理，切实提高农村危房改造补助资金使用效益，特制定《中央农村危房改造补助资金管理暂行办法》。现印发给你们，请遵照执行。执行中如有问题，请及时反馈。

财政部
二〇一一年六月二十二日

第一章 总　则

第一条　为规范和加强中央农村危房改造补助资金管理，提高农村危房改造补助资金使用效益，根据国家关于农村危房改造的相关政策、财政部专项补助资金管理和国家发展改革委中央预算内投资管理有关规定，制定本暂行办法。

第二条　本办法所称中央农村危房改造补助资金是指中央设立的用于支持地方开展农村危房改造的专项资金，包括中央财政补助资金和中央预算内投资补助资金两部分。

第三条　中央农村危房改造补助资金分配使用遵循以下原则：

（一）科学合理，公正客观。公平、合理地分配补助资金，避免产生盲目性和随意性。

（二）突出重点，统筹兼顾。在优先支持贫困农户、并向财政困难地区倾斜的同时，整体推进全国农村危房改造。

（三）绩效评价，规范管理。建立绩效评价制度，创新项目实施和资金管理机制。

第四条　地方各级财政、发展改革、住房城乡建设部门要切实落实农村危房改造地方补助资金，加快推进农村危房改造工作。同时，不断创新农村危房改造投入机制，积极引导信贷资金、民间资本等社会各方面资金投入。

第二章　资金申请与资金分配

第五条　省级住房城乡建设、发展改革和财政部门根据各地实际需要，按规定时间提出下一年度危房改造任务和补助资金申请及实施方案，并以正式文件联合上报住房城乡建设部、国家发展改革委和财政部。

第六条　住房城乡建设部、国家发展改革委、财政部根据当年全国农村危房改造规划、中央补助资金预算安排情况以及省级有关部门申报危房改造任务和补助资金情况，统筹考虑各地农村危房户数、农户数、改造成本、改造效果、财力情况等因素，确定各地危房改造任务。

第七条　财政部会同国家发展改革委、住房城乡建设部根据改造任务和补助标准，分配下达中央农村危房改造补助资金。

第八条　省级财政部门会同发展改革、住房城乡建设部门，在接到中央补助资金文件后30天内，根据辖区危房改造任务分配情况，将中央补助资金和本级政府安排的农村危房改造资金，拨付到下级财政部门。市、县级财政部门也要积极安排农村危房改造补助资金，并及时将上级和本级政府安排的补助资金于30日内及时拨付到位。

第九条　县级财政部门、发展改革、住房城乡建设等部门具体负责本地区农村危房改造补助资金的支付、管理以及日常监督检查工作，严格按照规定安排和支付农村危房改造补助资金。

第三章　资金使用管理

第十条　中央农村危房改造补助资金支持对象为，居住在危房中的农村贫困户，优先支持农村分散供养五保户、低保户、贫困残疾人家庭等贫困户危房改造。

第十一条　中央农村危房改造补助资金用途为，符合《住房城乡建设部关于印发〈农村危险房屋鉴定技术导则（试行）〉的通知》（建村函〔2009〕69号）等有关文件规定的农村危房翻建、新建和修缮加固等支出，以及农村危房改造建筑节能示范户节能建筑材料购置、节能技术使用、取暖方式改进以及可再生能源利用等方面的支出。

第十二条　中央农村危房改造补助资金实行专项管理、专款专用，不得用于车辆、通讯设备购置及生活补贴等与农村危房改造无关的支出。

第十三条 各地不得在中央补助资金中提取工作经费。地方财政可根据农村危房改造管理工作情况，安排必要的管理工作经费。

第四章 绩效考评

第十四条 中央建立农村危房改造补助资金绩效考评制度，对中央安排的农村危房改造补助资金绩效目标实现程度进行综合性的考核和评价。省级有关部门负责对辖区内农村危房改造项目进行绩效考评。

第十五条 农村危房改造补助资金管理绩效考评的内容包括：

（一）地方资金安排：主要考核省级及以下地方政府安排农村危房改造资金规模以及资金到位情况。

（二）项目资金管理：主要考核有关资金管理制度建设、管理措施等情况。

（三）项目实施效果：主要考核危房改造任务完成和改造质量等情况。

（四）违规违纪行为：主要是被审计、财政监督机构、发改委稽察等部门查出或被新闻媒体曝光并经查实的违纪行为。

绩效考评结果是对各地农村危房改造补助资金管理工作的综合评价，上一年度绩效考评结果将作为下一年度中央补助资金安排的参考因素。

第十六条 省级住房城乡建设、发展改革、财政部门要在每年2月底前联合上报本省（自治区、直辖市）上年度农村危房改造进展情况、绩效考评情况以及中央补助资金使用管理情况。

第五章 监督检查

第十七条 地方各级住房城乡建设部门应会同财政、发展改革部门，建立健全农村危房改造工作监管机制。对农村危房改造补助对象的申请、评议、审核、审批意见和实际补助水平等情况,要实行公示公告制度。

第十八条 各级财政和发展改革部门要建立健全农村危房改造资金违规使用的责任追究制度。对于不按照规定使用和管理农村危房改造资金的,要严格按照《财政违法行为处罚处分条例》(国务院令第427号)和《中央预算内投资补助和贴息项目管理暂行办法》(国家发展改革委令第31号)等有关规定进行处理,并依法追究有关责任人员的行政责任。涉嫌犯罪的,依法追究刑事责任。

第十九条 各级财政、发展改革、住房城乡建设部门要自觉接受社会各界的监督,积极配合有关部门做好审计、稽查等工作。财政部驻各地财政监察专员办事处和各级发改稽察机构将对各地农村危房改造资金管理使用等情况不定期进行抽查。

第六章 附 则

第二十条 各省级财政、发展改革、住房城乡建设部门可以根据本办法,结合各地实际,制定农村危房改造实施和资金管理细则。

第二十一条 本办法自下发之日起实施。

农村危房改造激励措施实施办法（试行）

住房城乡建设部　财政部关于印发
农村危房改造激励措施实施办法（试行）的通知
建村〔2016〕289号

各省、自治区、直辖市住房城乡建设厅（建委、农委）、财政厅（局），新疆生产建设兵团建设局、财务局：

为贯彻落实《国务院办公厅关于对真抓实干成效明显地方加大激励支持力度的通知》（国办发〔2016〕82号）有关要求，加大对农村危房改造积极主动、成效明显省（区、市）的激励支持，特制定《农村危房改造激励措施实施办法（试行）》，现印发给你们，请遵照执行。试行过程中有何问题和建议，请及时反馈住房城乡建设部。

联系人：陈伟　马楠
电　话：010-58933186，传真：010-58934713

中华人民共和国住房和城乡建设部
中华人民共和国财政部
2016年12月21日

第一条　为充分发挥中央和地方两个积极性，鼓励各地从实际出发推进农村危房改造，对工作积极主动、成效明显的省（区、市）予以激励支持，根据《国务院办公厅关于对真抓实干成效明显地方加大激励支持力度的通知》（国办发〔2016〕82号），制定本办法。

第二条　农村危房改造的激励对象主要是指农村危房改造工作

积极主动、成效明显的省（区、市）。同时，综合考虑地区发展差异，对财政困难地区予以倾斜。

第三条 符合以下条件的评定为农村危房改造工作积极主动。

对建档立卡贫困户等4类重点对象的危房改造工作领导重视，千方百计，采取了有效政策和措施，积极推进机制创新；

危房改造任务完成好，按期完成中央安排的建档立卡贫困户等4类重点对象危房改造任务，按要求完成其他贫困户危房改造任务，当年危房改造任务全部开工，竣工率较高，不存在往年危房改造任务未竣工情况；

资金投入力度大，省级补助资金占危房改造总投入的比例较高；

监管有力，补助对象认定准确，审核审批程序规范，农户档案信息系统录入及时，录入率及准确率高，实现到户技术指导和检查验收。

第四条 符合以下条件的评定为农村危房改造工作成效明显。

住房安全有保障，改造后房屋质量安全可靠并符合抗震安全基本要求，选址不存在安全隐患；

农民经济负担小，C级危房基本实现加固改造，新建房屋面积符合规定，危房改造农户借债比例低；

改造后房屋具备基本居住功能，配有卫生厕所等；

补助资金管理规范，资金拨付及时，农户补助资金按时足额发放到位；

农户满意度高，改造方式尊重农民意愿，以原址自建为主，涉及危房改造事项的信访、举报、投诉及审计、纪检等发现问题少。

第五条 农村危房改造工作积极主动、成效明显的评价，应依据《住房城乡建设部 国家发展改革委 财政部关于印发农村危房改造绩效评价办法（试行）的通知》（建村〔2013〕196号），通过住房城乡建设部、财政部每年联合开展的农村危房改造绩效评价作出。绩效评价结果（得分及排名）对外公布并抄送省级人民政府。

第六条 地区发展差异的评价标准主要考虑各省（区、市）当年财政困难程度系数。

第七条 住房城乡建设部、财政部在汇总各省（区、市）农村危房改造绩效评价结果以及财政困难程度系数的基础上，按因素法计算激励因素，确定各省（区、市）激励名次并公示。排在前5名的省（区、市）将列入国务院拟予激励支持名单，于每年1月31日前报国务院办公厅。

第八条 中央财政将对激励支持省份给予农村危房改造补助资金奖励，激励名次靠前的省份将获得更多支持，即：财政部、住房城乡建设部在制定中央财政农村危房改造补助资金分配方案时，将激励因素纳入分配因素，按因素法分配补助资金。

第九条 各省（区、市）可根据实际情况，参照本实施办法制定本行政区域农村危房改造激励措施实施细则。

第十条 本办法自印发之日起实施，由住房城乡建设部、财政部负责解释。

农村危房改造最低建设要求（试行）

住房城乡建设部
关于印发《农村危房改造最低建设要求（试行）》的通知
建村〔2013〕104号

各省、自治区住房城乡建设厅，直辖市建委（建交委、农委），新疆生产建设兵团建设局：

根据住房城乡建设部、国家发展改革委、财政部《关于做好2013年农村危房改造工作的通知》（建村〔2013〕90号），为提高农村危房改造的质量水平，规范工程建设与验收，我部制定了《农村危房改造最低建设要求（试行）》（以下简称最低建设要求）。现印发你们，请认真贯彻执行。

一、严格执行最低建设要求。列入政府补助范围的农村危房改造（含新疆农村安居工程）要在设计、施工、验收等环节严格执行最低建设要求，确保农村危房改造后每户住房均不低于最低建设要求。

二、加强指导与监督检查。各地住房城乡建设部门要加大监管力度，组织开展现场指导和巡查。乡镇建设管理员要加强对农房设计的指导和审查，并在地基基础、抗震措施和关键主体结构施工过程中及时到现场指导和检查，发现不符合最低建设要求的当即告知建房户，提出处理建议并做好记录。

三、建立验收合格与补助资金拨付进度挂钩的机制。县级住房城乡建设部门要及时组织验收，按照最低建设要求逐户逐项检查和填写验收表。需检查项目全部合格的视为验收合格，否则视为不合格。各地要结合实际尽快建立验收合格与补助资金拨付进度挂钩的机制，凡验收不合格的，必须整改合格方能拨付全额补助款项。

四、加强培训和宣传推广。各地住房城乡建设部门要加强最低建设要求的学习和培训，从建设和验收等环节帮助乡镇建设管理员熟练掌握最低建设要求。加强农村建筑工匠培训和管理，积极引导工匠在施工中自觉执行最低建设要求。加大宣传推广力度，通过在村庄张贴宣传挂图、发放宣传材料等方式，确保农村危房改造的每个农户都知晓最低建设要求。

执行过程中有何问题和建议，请及时联系部村镇建设司。

中华人民共和国住房和城乡建设部
2013 年 7 月 1 日

第一条 为提高农村危房改造的质量水平，规范工程建设与验收，制定本最低建设要求。

第二条 凡列入政府补助范围的农村危房改造项目的建设与验收应执行本最低建设要求。

第三条 农村危房改造住房（以下简称危改房）除应符合本最低建设要求外，尚应符合国家和当地有关法律、法规、政策及标准的规定。

第四条 危改房建筑应符合以下要求：

1. 寝居、食寝和洁污等功能分区，设置独用卧室、独用厨房和独用厕所。

2. 一人户建筑面积不小于 20 平方米，两人户建筑面积不小于 30 平方米，二人以上户建筑面积不小于人均 13 平方米。

3. 室内净高不小于 2.40 米，局部净高不小于 2.10 米且其面积不超过房屋总面积的 1/3。

第五条 危改房选址应选择安全地段。对于可能发生滑坡、崩塌、地陷、地裂、泥石流、洪水、山洪等灾害的地段应采取技术措施处理。

第六条 危改房地基为软弱土、可液化土、湿陷性黄土、膨胀土、冻胀土、新近填土或严重不均匀土层时，应做地基处理，达到地基设计承载力要求。

第七条 危改房基础应根据房屋荷载情况、相关规范规定的房屋降沉要求等选择毛石基础、混凝土基础、砖放脚基础、灰土基础等基础形式，达到基础设计承载力要求。

第八条 危改房主体结构应根据相关标准和规范确定的当地抗震设防烈度，按照《农村危房改造抗震安全基本要求（试行）》（建村〔2011〕115号）采取抗震措施。

第九条 危改房墙体应符合以下要求：

1. 布置完备，在平面、竖向与门窗洞口形成围合空间。
2. 符合相关规范规定的安全性要求，无竖向歪斜。
3. 表面平整，有防水防潮处理措施，外墙勒脚做防水处理高度不低于0.6米。当采用灰浆抹面时，抹面层干净整洁，没有明显龟裂、空鼓、剥落现象。当外墙采用清水砖墙时，进行勾缝处理。

第十条 危改房门窗应符合以下要求：

1. 根据使用需要合理设置门窗，玻璃、窗扇、门板等构件完备，耐久性符合要求。
2. 门窗洞口顶部应按照相关规范要求设置过梁，门窗整体达到正常使用及遭遇暴雪、大风、暴雨时的安全性要求。
3. 安装到位，门窗框、扇无变形，开启灵活，关闭严密。门窗框与洞口边缘连接紧密、抹灰平整，窗台表面处理平整。

第十一条 危改房设置梁、柱时，应符合以下要求：

1. 达到设计、施工规范及设计承载力要求。
2. 表面平整，截面尺寸准确，梁的挠度变形及柱的垂直度符合相关规定。主要受力和连接部位无露筋、蜂窝、空洞、夹渣、疏松、明显裂缝、孔洞、腐蚀、虫蛀等现象。

第十二条 危改房楼板应符合以下要求：

1. 两层或两层以上时，设置完整楼板，拼缝紧密。

2. 达到相关设计、施工规范及设计承载力要求。8度及8度以上抗震设防区禁止采用预制混凝土楼板。

3. 表面平整，无明显的竖向挠度变形、裂缝。当采用现浇混凝土楼板时，主要受力和连接部位不得有露筋、蜂窝、空洞、夹渣、疏松等现象。

第十三条 危改房楼梯应符合以下要求：

1. 两层或两层以上时，设置楼梯。

2. 设置楼梯时，楼梯板、栏杆、扶手等构件应完备，达到相关设计、施工规范要求。

第十四条 危改房设置阳台、露台时，梁、柱、板、墙体等构件应符合本最低建设要求的相关要求，并根据相关规范要求设置防护栏杆。

第十五条 危改房屋面应符合以下要求：

1. 围护构件完备，耐久性符合要求。

2. 屋面结构安全可靠，屋面整体达到正常使用及遭遇地震、暴雪、大风、暴雨时的安全性要求，无漏雨、渗水现象。

3. 采用坡屋面时，瓦片铺设整齐、匀称，粘贴牢固，搭接严密，檐口平直。当屋顶存在掉落灰土、烟尘等隐患时，应采取隔层措施，隔层结构安全、构件完备和平整洁净。

4. 采用平屋面时，屋面找坡符合相关规范要求，找坡面层平整，无积水、明显裂缝等现象。

第十六条 危改房室内地面应硬化，硬化层密实、平整。

第十七条 危改房室内环境应符合以下要求：

1. 朝向良好，至少有一个房间能获得日照。

2. 卧室、起居室、厨房直接自然采光。

3. 卧室、起居室、厨房、厕所直接自然通风。

第十八条 危改房宜按相关标准、规范和要求设置室内给水排水、照明、采暖以及防雷等设备设施。

附录

农村危房改造最低建设要求验收表

_____省（区、市）_____县_____镇（乡）_____村

户主姓名_____身份证号_____联系电话_____

开工日期_____竣工日期_____建筑层数_____建筑面积_____m²

验收日期_____验收人姓名_____联系电话_____

序号	检查项目	检查结果			填表说明
		有无及完备性	安全性	观感质量	
1	建筑选址		/	/	1、根据《农村危房改造最低建设要求（试行）》逐项验收填写。2、拟验收危改房符合《最低建设要求》第六条规定时必须验收第5项，否则不必验收；拟验收危改房如已设置第10、13项时必须验收，否则不必验收；两层及以上危改房必须验收第11、12项；一层危改房如已设置第12项时必须验收，否则不必验收。3、验收合格项在相应的方格中填"√"，不合格的填"×"，不必验收的填"○"。4、所有须验收项全部合格的视为验收合格，否则不合格，并在验收结论的相应方格中填"√"。5、填写字迹须清晰工整，不得有涂改等痕迹。
2	功能分区		/	/	
3	建筑面积				
4	室内净高				
5	地基			/	
6	基础				
7	抗震措施			/	
8	墙体				
9	门窗				
10	梁、柱	/			
11	楼板				
12	楼梯			/	
13	阳台、露台	/			
14	屋面				
15	室内地面		/		
16	日照				
17	采光		/		
18	通风		/	/	

（其它需说明的事项）

续表

验收结论：合格□　　不合格□   验收人员签字_____　　　　　　　　验收单位（章）   _____年___月___日

住房城乡建设部 财政部 国务院扶贫办关于加强建档立卡贫困户等重点对象危房改造工作的指导意见

建村〔2016〕251号

各省、自治区、直辖市住房城乡建设厅（建委、农委）、财政厅（局）、扶贫办（局），新疆生产建设兵团建设局、财务局、扶贫局：

帮助住房最危险、经济最贫困农户解决最基本的安全住房是农村危房改造始终坚持的基本原则，建档立卡贫困户、低保户、农村分散供养特困人员和贫困残疾人家庭（以下简称4类重点对象）是"十三五"期间农村危房改造的重点和难点。为贯彻落实中央关于脱贫攻坚的工作部署，实现到2020年农村贫困人口住房安全有保障和基本完成存量危房改造的任务目标，现就加强4类重点对象危房改造工作提出如下意见。

一、总体要求

（一）总体思路

全面贯彻落实《中共中央、国务院关于打赢脱贫攻坚战的决定》和中央扶贫开发工作会议精神，按照精准扶贫、精准脱贫的基本方略，把4类重点对象放在农村危房改造优先位置，以保障其住房安全为目标，统筹规划、整合资源、加大投入、创新方法、精心实施，确保2020年以前圆满完成585万户4类重点对象危房改造任务。

（二）基本原则

安全为本。牢牢把握脱贫攻坚目标要求，以实现4类重点对象住房安全有保障为目的，实施农村危房改造。

减轻负担。加大政策倾斜支持力度，控制农村危房改造建筑面积，推进加固改造，实施特困户兜底政策，避免因建房返贫。

扎实推进。科学制定农村危房改造进度计划，确保质量和效果，避免冒进，做好与相关规划的衔接。

明确责任。地方承担农村危房改造主体责任，省（自治区、直辖市）负总责，市（地）县抓落实，中央统筹指导并给予补助。

二、采取有效措施，推进适宜改造方式

（一）兜底解决特困户住房安全。对于自筹资金和投工投料能力极弱的特困户，通过建设农村集体公租房、利用闲置农房和集体公房置换、提高补助资金额度等方式，兜底解决特困户住房安全问题。

（二）大力推广加固改造方式。优先选择加固方式对危房进行改造，原则上C级危房必须采用加固方式改造。各地要结合本地实际，组织动员科技人员，大力推广造价低、工期短、安全可靠的农房加固技术。加强对加固改造益处的宣传教育，制定鼓励加固政策，建立有效的组织实施方式。

（三）开发推广低造价农房建造技术。各地要研究推广现代夯土农房等低造价、功能好、安全、绿色的农房建造技术，加强当地传统建筑材料的利用研究，传承和改进传统建造工法，探索符合标准的就地取材建房技术方案，节约改造资金，提高居住功能。

（四）严格控制建房面积。4类重点对象改造房屋的建筑面积原则上1至3人户控制在40—60平米以内，且1人户不低于20平米、2人户不低于30平米、3人户不低于40平米；3人以上户人均建筑面积不超过18平米，不得低于13平米。各地可根据当地的民族习俗、气候特点等实际情况，制定细化面积标准。对于自筹资金和投工投料能力极弱、需要社保政策兜底脱贫的特困户，改造房屋面积按下限标准控制。

（五）保障安全和基本卫生条件。4类重点对象的农村危房改造要执行最低建设要求，必须达到主要部件合格、结构安全。地震高烈度设防地区的农房改造后应达到当地抗震设防标准。改造后的农房应具备卫生厕所、人畜分离等基本居住卫生条件。

三、加大资金支持力度

（一）加大财政资金支持力度。各地要加大投入，根据4类重点对象的贫困程度、房屋危险程度和改造方式等制定分类分级补助标准。自2017年起，中央财政补助资金将集中用于4类重点对象的危房改造工作，并适当提高补助标准。

（二）建立金融扶持机制。各地应将危房改造纳入脱贫攻坚金融支持范围，积极开展与金融机构的合作，通过建立贷款风险补偿机制，实施贷款贴息补助等方式，帮助有信贷需求的贫困户多渠道、低成本筹集危房改造资金。中央将根据地方信贷贴息工作开展情况，对地方给予指导和支持。

（三）多渠道筹措资源。各地可按照中央关于贫困县统筹整合使用财政涉农资金的要求，统筹支持贫困户危房改造。充分发挥农民的主体作用，通过投工投劳、互帮互助等降低改造成本，积极发动社会力量捐赠资金和建材器具等，鼓励志愿者帮扶，帮助4类重点对象改造危房。

四、加强指导监督

（一）做好技术服务和巡查验收管理。各地要编制符合安全要求及农民习惯的农房设计通用图集并免费发放到户，引导选择低成本改造方式。要提供主要建材质量检测服务。各级住房城乡建设部门要加强施工现场质量安全巡查与指导监督，按要求及时组织验收，所有检查项目全部合格后方能全额拨付补助款项。

（二）强化申请批准和档案管理。各地要严格执行农户自愿申请、村民会议或村民代表会议民主评议、乡（镇）审核、县级审批等对象确认程序。要严格执行农村危房改造农户档案管理制度，加快农户档案信息录入，加强对已录入农户档案信息的审核与抽验。

县级扶贫、民政、残联等部门要及时更新贫困户信息,加强信息共享。

(三)加强监督检查。各地要落实补助对象在村和乡镇两级公示制度,进一步推进危房改造农户档案信息公开。要严格执行年度绩效评价和工程进度月报制度,住房城乡建设部、财政部每年将通报各省工作绩效,约谈工作落后省份。县级财政部门要及时拨付补助资金至农户"一卡通"账户。各地要主动接受纪检监察、审计和社会监督,坚决查处挪用、冒领、克扣、拖欠补助资金和索要好处费等违规、违纪、违法行为。

中华人民共和国住房和城乡建设部
中华人民共和国财政部
国务院扶贫开发领导小组办公室
2016年11月3日

住房城乡建设部　财政部　国务院扶贫办关于加强和完善建档立卡贫困户等重点对象农村危房改造若干问题的通知

建村〔2017〕192号

各省、自治区、直辖市住房城乡建设厅（建委）、财政厅、扶贫办（局），新疆生产建设兵团建设局、财务局、扶贫局：

做好建档立卡贫困户等重点对象农村危房改造是实现中央脱贫攻坚"两不愁、三保障"总体目标中住房安全有保障的重点工作，必须提高政治站位，高度重视，加大投入，全力以赴按时保质完成。目前各地推进农村危房改造工作取得明显进展，但实施过程中也存在危房改造对象认定不准确、深度贫困户无力建房、补助资金拨付和使用不规范等问题。为进一步加强和完善建档立卡贫困户等重点对象农村危房改造工作，现就有关要求通知如下。

一、危房改造对象认定标准和程序

（一）危房改造对象认定。中央支持的农村危房改造对象应在建档立卡贫困户、低保户、农村分散供养特困人员和贫困残疾人家庭等4类重点对象（以下简称4类重点对象）中根据住房危险程度确定。建档立卡贫困户身份识别以扶贫部门认定为准，低保户和农村分散供养特困人员身份识别以民政部门认定为准，贫困残疾人家庭身份识别应由残联商扶贫或民政部门联合认定为准。县级住房城乡建设部门要依据上述部门提供的4类重点对象名单组织开展房屋危险性评定，根据《农村危险房屋鉴定技术导则（试行）》（建村函〔2009〕69号）制定简明易行的评定办法，少数确实难以评定的可通过购买服务方式请专业机构鉴定。经评定为C级和D级危房的4类重点对象列为危房改造对象。已纳入易地扶贫搬迁计划的

4类重点对象不得列为农村危房改造对象。

（二）危房信息的录入、确定和动态调整。县级住房城乡建设部门要逐户填写危房改造对象认定表（附件），相关信息录入住房城乡建设部农村危房改造信息系统（以下简称信息系统）。完成录入工作后信息系统将自动生成4类重点对象农村危房改造台账（以下简称危房改造台账）。县级住房城乡建设部门将危房改造台账送扶贫、民政、残联部门复核确认后，报省级住房城乡建设部门联合扶贫、民政、残联部门审核确定。省级住房城乡建设部门汇总本地区危房改造台账后报住房城乡建设部备案，信息数据与相关部门共享。农户身份及危房信息发生变化的，每年年底按照上述程序进行调整。

二、贫困户"住房安全有保障"的认定标准和程序

建档立卡贫困户退出时住房应满足以下基本质量要求：选址安全，地基坚实；基础牢靠，结构稳定，强度满足要求；抗震构造措施齐全、符合规定；围护结构和非结构构件与主体结构连接牢固；建筑材料质量合格。省级住房城乡建设部门要按照上述要求，明确"住房安全有保障"的具体要求或标准，配合扶贫部门确定贫困户退出的实施办法和工作程序。县级住房城乡建设部门负责认定住房安全性并出具房屋安全性评定结果。

三、减轻深度贫困户负担

（一）加大资金投入力度。省、市、县要落实危房改造责任，加大资金投入力度，根据农户贫困程度、房屋危险程度和改造方式等制定分类补助标准，切实加大对深度贫困户的倾斜支持。要引导社会力量资助，鼓励志愿者帮扶和村民互助，对纳入贫困县涉农资金整合试点范围的，可统筹整合财政涉农资金予以支持，构建多渠道的农村危房改造资金投入机制。

（二）推广低成本改造方式。加固改造是低成本解决农民住房安全问题最为有效的措施之一，可有效避免因建房而致贫返贫。各

地务必高度重视，制定鼓励政策，加大推广力度，引导农户优先选择加固方式改造危房。要按照消除直接危险，同步提高房屋整体强度的要求科学实施，确保质量安全。原则上C级危房必须加固改造，鼓励具备条件的D级危房除险加固。鼓励通过统建农村集体公租房及幸福大院、修缮加固现有闲置公房、置换或长期租赁村内闲置农房等方式，兜底解决自筹资金和投工投料能力极弱深度贫困户住房安全问题。要充分调动农户积极性，通过投工投劳和互助等方式降低改造成本。鼓励运用当地建材，建设造价低、功能好的农房。

（三）为贫困户建房提供便利。县级住房城乡建设部门要主动协调组织主要建材的采购与运输，降低贫困户危房改造成本。要向农户推荐培训合格的建筑工匠或施工队伍并指导双方签订协议。要积极协调施工方，采取垫资建设等方式帮助无启动资金的特困户改造危房。要发挥组织协调作用，帮助自建确有困难且有统建意愿的农户选择有资质的施工队伍统建。对于政府组织实施加固改造，以及统建集体公租房等兜底解决特困户住房的，可在明确改造标准、征得农户同意并签订协议的基础上，将补助资金直接支付给施工单位。

四、加强工作管理

（一）防止补助资金拨付不及时、挤占挪用和滞留。县级住房城乡建设部门要及时组织竣工验收并将验收合格达到补助资金拨付条件的农户名单提供财政部门。县级财政部门要严格执行《中央财政农村危房改造补助资金管理办法》（财社〔2016〕216号）有关规定，支付给农户的补助资金要在竣工验收后30日内足额拨付到户，不得以任何形式挤占挪用和滞留。补助资金拨付情况纳入绩效评价考核内容。

（二）防止套取骗取、重复申领补助资金及基层工作人员吃拿卡要、索要好处费。中央下达的4类重点对象农村危房改造任务必须在危房改造台账范围内进行分配。要落实信息公开制度，县级住房城乡建设部门要及时公开危房改造任务分配结果和改造任务完成情况。省级住房城乡建设部门要建立畅通的反映问题渠道，公布举报电话并对群众反映问题及时调查处理。各级住房城乡建设部门要积极会同、配合财政、审计、纪检、监察等部门开展专项检查，查实问题处理到人。要加大警示教育宣传力度，定期通报有关问题及处理结果。

（三）防止虚报改造任务。要严格执行"一户一档"的农村危房改造农户档案管理制度，改造信息包括改造前、改造中及改造后照片必须全部录入信息系统。要加强对信息系统中已录入信息的管理和检查，及时整改错误及重复信息，设定抽查比例下限实地检查工程实施情况，严肃处理弄虚作假、虚报改造任务的行为。

（四）防止做表面文章。农村危房改造解决的是住房安全问题，改造后房屋必须满足农村危房改造抗震安全基本要求，禁止单纯将补助资金用于房屋粉刷、装饰等与提升住房安全性无关的用途。对于往年已享受过农村危房改造补助但住房安全性未达到要求的，各地要自筹资金解决其住房安全问题，并对违反农村危房改造竣工验收有关规定的行为追究责任。

五、提高农户满意度

（一）提升改造效果。改造后的农房应具备卫生厕所，满足人畜分离等基本居住卫生条件，这是农村危房改造的底线要求。北方地区要结合农村危房改造积极推动建筑节能改造和清洁供暖。要根据村庄规划实施风貌管控，开展院落整治，整体改善村庄人居环境。

（二）实施到户技术指导、简化申请审批程序。各地要编制农村危房改造通用设计图集等基本的结构设计及建设施工要点简明手册并免费发放到户。县级住房城乡建设部门要在施工关键环节派员到场进行技术指导与检查，发现问题督促整改。要发动社会专业人员及机构为农户免费提供技术咨询与帮扶。要优化审批程序，加强上门服务，最大限度地降低农户提交申请材料的难度，不得向补助对象收取任何管理费用。

（三）加强政策宣传。各地要制作农村危房改造政策明白卡并免费发放到每一户危房改造对象，利用多种渠道加大政策宣传力度。要及时向有关部门提供农村危房改造工作进展，利用媒体广泛宣传工作成效，营造积极的舆论氛围。

4类重点对象农村危房改造力争到2019年基本完成，2020年做好扫尾工作。各地要在确保房屋质量和改造效果的前提下，结合本地实际科学安排4类重点对象农村危房改造进度计划并报住房城乡建设部、财政部备案。要在任务资金安排上向深度贫困地区倾斜，确保这些地区同步完成4类重点对象危房改造任务。住房城乡建设部会同财政部，对于中央下达年度任务未完成的，将在安排下一年度农村危房改造中央任务和补助资金时对相应省份予以扣减（纳入贫困县涉农资金整合试点的，按整合试点有关要求执行）；对于中央下达年度任务之外垫付资金先行实施4类重点对象危房改造的，将在以后年度农村危房改造中央任务和补助资金安排中给予考虑。

附件：危房改造对象认定表（略）

中华人民共和国住房和城乡建设部
中华人民共和国财政部
国务院扶贫开发领导小组办公室
2017年8月28日

住宅专项维修资金管理办法

住宅专项维修资金管理办法

中华人民共和国建设部
中华人民共和国财政部令
第 165 号

《住宅专项维修资金管理办法》已经 2007 年 10 月 30 日建设部第 142 次常务会议讨论通过，经财政部联合签署，现予发布，自 2008 年 2 月 1 日起施行。

建设部部长
财政部部长
二〇〇七年十二月四日

第一章 总 则

第一条 为了加强对住宅专项维修资金的管理，保障住宅共用部位、共用设施设备的维修和正常使用，维护住宅专项维修资金所有者的合法权益，根据《物权法》、《物业管理条例》等法律、行政法规，制定本办法。

第二条 商品住宅、售后公有住房住宅专项维修资金的交存、使用、管理和监督，适用本办法。

本办法所称住宅专项维修资金，是指专项用于住宅共用部位、共用设施设备保修期满后的维修和更新、改造的资金。

第三条 本办法所称住宅共用部位，是指根据法律、法规和房屋买卖合同，由单幢住宅内业主或者单幢住宅内业主及与之结构相连的非住宅业主共有的部位，一般包括：住宅的基础、承重墙体、柱、梁、楼板、屋顶以及户外的墙面、门厅、楼梯间、走廊通道等。

本办法所称共用设施设备，是指根据法律、法规和房屋买卖合同，由住宅业主或者住宅业主及有关非住宅业主共有的附属设施设备，一般包括电梯、天线、照明、消防设施、绿地、道路、路灯、沟渠、池、井、非经营性车场车库、公益性文体设施和共用设施设备使用的房屋等。

第四条 住宅专项维修资金管理实行专户存储、专款专用、所有权人决策、政府监督的原则。

第五条 国务院建设主管部门会同国务院财政部门负责全国住宅专项维修资金的指导和监督工作。

县级以上地方人民政府建设（房地产）主管部门会同同级财政部门负责本行政区域内住宅专项维修资金的指导和监督工作。

第二章　交　存

第六条 下列物业的业主应当按照本办法的规定交存住宅专项维修资金：

（一）住宅，但一个业主所有且与其他物业不具有共用部位、共用设施设备的除外；

（二）住宅小区内的非住宅或者住宅小区外与单幢住宅结构相连的非住宅。

前款所列物业属于出售公有住房的，售房单位应当按照本办法的规定交存住宅专项维修资金。

第七条　商品住宅的业主、非住宅的业主按照所拥有物业的建筑面积交存住宅专项维修资金，每平方米建筑面积交存首期住宅专项维修资金的数额为当地住宅建筑安装工程每平方米造价的5%至8%。

直辖市、市、县人民政府建设（房地产）主管部门应当根据本地区情况，合理确定、公布每平方米建筑面积交存首期住宅专项维修资金的数额，并适时调整。

第八条　出售公有住房的，按照下列规定交存住宅专项维修资金：

（一）业主按照所拥有物业的建筑面积交存住宅专项维修资金，每平方米建筑面积交存首期住宅专项维修资金的数额为当地房改成本价的2%。

（二）售房单位按照多层住宅不低于售房款的20%、高层住宅不低于售房款的30%，从售房款中一次性提取住宅专项维修资金。

第九条　业主交存的住宅专项维修资金属于业主所有。

从公有住房售房款中提取的住宅专项维修资金属于公有住房售房单位所有。

第十条　业主大会成立前，商品住宅业主、非住宅业主交存的住宅专项维修资金，由物业所在地直辖市、市、县人民政府建设（房地产）主管部门代管。

直辖市、市、县人民政府建设（房地产）主管部门应当委托所在地一家商业银行，作为本行政区域内住宅专项维修资金的专户管理银行，并在专户管理银行开立住宅专项维修资金专户。

开立住宅专项维修资金专户，应当以物业管理区域为单位设账，按房屋户门号设分户账；未划定物业管理区域的，以幢为单位设账，按房屋户门号设分户账。

第十一条　业主大会成立前，已售公有住房住宅专项维修资金，由物业所在地直辖市、市、县人民政府财政部门或者建设（房地产）主管部门负责管理。

负责管理公有住房住宅专项维修资金的部门应当委托所在地一家商业银行，作为本行政区域内公有住房住宅专项维修资金的专户管理银行，并在专户管理银行开立公有住房住宅专项维修资金专户。

开立公有住房住宅专项维修资金专户，应当按照售房单位设账，按幢设分账；其中，业主交存的住宅专项维修资金，按房屋户门号设分户帐。

第十二条　商品住宅的业主应当在办理房屋入住手续前，将首期住宅专项维修资金存入住宅专项维修资金专户。

已售公有住房的业主应当在办理房屋入住手续前，将首期住宅专项维修资金存入公有住房住宅专项维修资金专户或者交由售房单位存入公有住房住宅专项维修资金专户。

公有住房售房单位应当在收到售房款之日起30日内，将提取的住宅专项维修资金存入公有住房住宅专项维修资金专户。

第十三条　未按本办法规定交存首期住宅专项维修资金的，开发建设单位或者公有住房售房单位不得将房屋交付购买人。

第十四条　专户管理银行、代收住宅专项维修资金的售房单位应当出具由财政部或者省、自治区、直辖市人民政府财政部门统一监制的住宅专项维修资金专用票据。

第十五条　业主大会成立后，应当按照下列规定划转业主交存的住宅专项维修资金：

（一）业主大会应当委托所在地一家商业银行作为本物业管理区域内住宅专项维修资金的专户管理银行，并在专户管理银行开立住宅专项维修资金专户。

开立住宅专项维修资金专户，应当以物业管理区域为单位设账，按房屋户门号设分户账。

（二）业主委员会应当通知所在地直辖市、市、县人民政府建设（房地产）主管部门；涉及已售公有住房的，应当通知负责管理公有住房住宅专项维修资金的部门。

（三）直辖市、市、县人民政府建设（房地产）主管部门或者负责管理公有住房住宅专项维修资金的部门应当在收到通知之日起30日内，通知专户管理银行将该物业管理区域内业主交存的住宅专项维修资金账面余额划转至业主大会开立的住宅专项维修资金账户，并将有关账目等移交业主委员会。

第十六条 住宅专项维修资金划转后的账目管理单位，由业主大会决定。业主大会应当建立住宅专项维修资金管理制度。

业主大会开立的住宅专项维修资金账户，应当接受所在地直辖市、市、县人民政府建设（房地产）主管部门的监督。

第十七条 业主分户账面住宅专项维修资金余额不足首期交存额30%的，应当及时续交。

成立业主大会的，续交方案由业主大会决定。

未成立业主大会的，续交的具体管理办法由直辖市、市、县人民政府建设（房地产）主管部门会同同级财政部门制定。

第三章 使 用

第十八条 住宅专项维修资金应当专项用于住宅共用部位、共用设施设备保修期满后的维修和更新、改造，不得挪作他用。

第十九条 住宅专项维修资金的使用，应当遵循方便快捷、公开透明、受益人和负担人相一致的原则。

第二十条 住宅共用部位、共用设施设备的维修和更新、改造费用，按照下列规定分摊：

（一）商品住宅之间或者商品住宅与非住宅之间共用部位、共用设施设备的维修和更新、改造费用，由相关业主按照各自拥有物业建筑面积的比例分摊。

（二）售后公有住房之间共用部位、共用设施设备的维修和更新、改造费用，由相关业主和公有住房售房单位按照所交存住宅专项维修资金的比例分摊；其中，应由业主承担的，再由相关业主按照各自拥有物业建筑面积的比例分摊。

（三）售后公有住房与商品住宅或者非住宅之间共用部位、共用设施设备的维修和更新、改造费用，先按照建筑面积比例分摊到各相关物业。其中，售后公有住房应分摊的费用，再由相关业主和公有住房售房单位按照所交存住宅专项维修资金的比例分摊。

第二十一条 住宅共用部位、共用设施设备维修和更新、改造，涉及尚未售出的商品住宅、非住宅或者公有住房的，开发建设单位或者公有住房单位应当按照尚未售出商品住宅或者公有住房的建筑面积，分摊维修和更新、改造费用。

第二十二条 住宅专项维修资金划转业主大会管理前，需要使用住宅专项维修资金的，按照以下程序办理：

（一）物业服务企业根据维修和更新、改造项目提出使用建议；没有物业服务企业的，由相关业主提出使用建议；

（二）住宅专项维修资金列支范围内专有部分占建筑物总面积三分之二以上的业主且占总人数三分之二以上的业主讨论通过使用建议；

（三）物业服务企业或者相关业主组织实施使用方案；

（四）物业服务企业或者相关业主持有关材料，向所在地直辖市、市、县人民政府建设（房地产）主管部门申请列支；其中，动用公有住房住宅专项维修资金的，向负责管理公有住房住宅专项维修资金的部门申请列支；

（五）直辖市、市、县人民政府建设（房地产）主管部门或者

负责管理公有住房住宅专项维修资金的部门审核同意后,向专户管理银行发出划转住宅专项维修资金的通知;

(六)专户管理银行将所需住宅专项维修资金划转至维修单位。

第二十三条 住宅专项维修资金划转业主大会管理后,需要使用住宅专项维修资金的,按照以下程序办理:

(一)物业服务企业提出使用方案,使用方案应当包括拟维修和更新、改造的项目、费用预算、列支范围、发生危及房屋安全等紧急情况以及其他需临时使用住宅专项维修资金的情况的处置办法等;

(二)业主大会依法通过使用方案;

(三)物业服务企业组织实施使用方案;

(四)物业服务企业持有关材料向业主委员会提出列支住宅专项维修资金;其中,动用公有住房住宅专项维修资金的,向负责管理公有住房住宅专项维修资金的部门申请列支;

(五)业主委员会依据使用方案审核同意,并报直辖市、市、县人民政府建设(房地产)主管部门备案;动用公有住房住宅专项维修资金的,经负责管理公有住房住宅专项维修资金的部门审核同意;直辖市、市、县人民政府建设(房地产)主管部门或者负责管理公有住房住宅专项维修资金的部门发现不符合有关法律、法规、规章和使用方案的,应当责令改正;

(六)业主委员会、负责管理公有住房住宅专项维修资金的部门向专户管理银行发出划转住宅专项维修资金的通知;

(七)专户管理银行将所需住宅专项维修资金划转至维修单位。

第二十四条 发生危及房屋安全等紧急情况,需要立即对住宅共用部位、共用设施设备进行维修和更新、改造的,按照以下规定列支住宅专项维修资金:

(一)住宅专项维修资金划转业主大会管理前,按照本办法第二十二条第四项、第五项、第六项的规定办理;

（二）住宅专项维修资金划转业主大会管理后，按照本办法第二十三条第四项、第五项、第六项和第七项的规定办理。

发生前款情况后，未按规定实施维修和更新、改造的，直辖市、市、县人民政府建设（房地产）主管部门可以组织代修，维修费用从相关业主住宅专项维修资金分户账中列支；其中，涉及已售公有住房的，还应当从公有住房住宅专项维修资金中列支。

第二十五条　下列费用不得从住宅专项维修资金中列支：

（一）依法应当由建设单位或者施工单位承担的住宅共用部位、共用设施设备维修、更新和改造费用；

（二）依法应当由相关单位承担的供水、供电、供气、供热、通讯、有线电视等管线和设施设备的维修、养护费用；

（三）应当由当事人承担的因人为损坏住宅共用部位、共用设施设备所需的修复费用；

（四）根据物业服务合同约定，应当由物业服务企业承担的住宅共用部位、共用设施设备的维修和养护费用。

第二十六条　在保证住宅专项维修资金正常使用的前提下，可以按照国家有关规定将住宅专项维修资金用于购买国债。

利用住宅专项维修资金购买国债，应当在银行间债券市场或者商业银行柜台市场购买一级市场新发行的国债，并持有到期。

利用业主交存的住宅专项维修资金购买国债的，应当经业主大会同意；未成立业主大会的，应当经专有部分占建筑物总面积三分之二以上的业主且占总人数三分之二以上业主同意。

利用从公有住房售房款中提取的住宅专项维修资金购买国债的，应当根据售房单位的财政隶属关系，报经同级财政部门同意。

禁止利用住宅专项维修资金从事国债回购、委托理财业务或者将购买的国债用于质押、抵押等担保行为。

第二十七条　下列资金应当转入住宅专项维修资金滚存使用：

（一）住宅专项维修资金的存储利息；

（二）利用住宅专项维修资金购买国债的增值收益；

（三）利用住宅共用部位、共用设施设备进行经营的，业主所得收益，但业主大会另有决定的除外；

（四）住宅共用设施设备报废后回收的残值。

第四章 监督管理

第二十八条 房屋所有权转让时，业主应当向受让人说明住宅专项维修资金交存和结余情况并出具有效证明，该房屋分户账中结余的住宅专项维修资金随房屋所有权同时过户。

受让人应当持住宅专项维修资金过户的协议、房屋权属证书、身份证等到专户管理银行办理分户账更名手续。

第二十九条 房屋灭失的，按照以下规定返还住宅专项维修资金：

（一）房屋分户账中结余的住宅专项维修资金返还业主；

（二）售房单位交存的住宅专项维修资金账面余额返还售房单位；售房单位不存在的，按照售房单位财务隶属关系，收缴同级国库。

第三十条 直辖市、市、县人民政府建设（房地产）主管部门，负责管理公有住房住宅专项维修资金的部门及业主委员会，应当每年至少一次与专户管理银行核对住宅专项维修资金账目，并向业主、公有住房售房单位公布下列情况：

（一）住宅专项维修资金交存、使用、增值收益和结存的总额；

（二）发生列支的项目、费用和分摊情况；

（三）业主、公有住房售房单位分户账中住宅专项维修资金交存、使用、增值收益和结存的金额；

（四）其他有关住宅专项维修资金使用和管理的情况。

业主、公有住房售房单位对公布的情况有异议的，可以要求复核。

第三十一条 专户管理银行应当每年至少一次向直辖市、市、县人民政府建设（房地产）主管部门，负责管理公有住房住宅专项维修资金的部门及业主委员会发送住宅专项维修资金对账单。

直辖市、市、县建设（房地产）主管部门，负责管理公有住房住宅专项维修资金的部门及业主委员会对资金账户变化情况有异议的，可以要求专户管理银行进行复核。

专户管理银行应当建立住宅专项维修资金查询制度，接受业主、公有住房售房单位对其分户账中住宅专项维修资金使用、增值收益和账面余额的查询。

第三十二条 住宅专项维修资金的管理和使用，应当依法接受审计部门的审计监督。

第三十三条 住宅专项维修资金的财务管理和会计核算应当执行财政部有关规定。

财政部门应当加强对住宅专项维修资金收支财务管理和会计核算制度执行情况的监督。

第三十四条 住宅专项维修资金专用票据的购领、使用、保存、核销管理，应当按照财政部以及省、自治区、直辖市人民政府财政部门的有关规定执行，并接受财政部门的监督检查。

第五章 法律责任

第三十五条 公有住房售房单位有下列行为之一的，由县级以上地方人民政府财政部门会同同级建设（房地产）主管部门责令限期改正：

（一）未按本办法第八条、第十二条第三款规定交存住宅专项维修资金的；

（二）违反本办法第十三条规定将房屋交付买受人的；

（三）未按本办法第二十一条规定分摊维修、更新和改造费用的。

第三十六条 开发建设单位违反本办法第十三条规定将房屋交付买受人的，由县级以上地方人民政府建设（房地产）主管部门责令限期改正；逾期不改正的，处以3万元以下的罚款。

开发建设单位未按本办法第二十一条规定分摊维修、更新和改造费用的，由县级以上地方人民政府建设（房地产）主管部门责令限期改正；逾期不改正的，处以1万元以下的罚款。

第三十七条 违反本办法规定，挪用住宅专项维修资金的，由县级以上地方人民政府建设（房地产）主管部门追回挪用的住宅专项维修资金，没收违法所得，可以并处挪用金额2倍以下的罚款；构成犯罪的，依法追究直接负责的主管人员和其他直接责任人员的刑事责任。

物业服务企业挪用住宅专项维修资金，情节严重的，除按前款规定予以处罚外，还应由颁发资质证书的部门吊销资质证书。

直辖市、市、县人民政府建设（房地产）主管部门挪用住宅专项维修资金的，由上一级人民政府建设（房地产）主管部门追回挪用的住宅专项维修资金，对直接负责的主管人员和其他直接责任人员依法给予处分；构成犯罪的，依法追究刑事责任。

直辖市、市、县人民政府财政部门挪用住宅专项维修资金的，由上一级人民政府财政部门追回挪用的住宅专项维修资金，对直接负责的主管人员和其他直接责任人员依法给予处分；构成犯罪的，依法追究刑事责任。

第三十八条 直辖市、市、县人民政府建设（房地产）主管部门违反本办法第二十六条规定的，由上一级人民政府建设（房地产）主管部门责令限期改正，对直接负责的主管人员和其他直接责任人员依法给予处分；造成损失的，依法赔偿；构成犯罪的，依法追究刑事责任。

直辖市、市、县人民政府财政部门违反本办法第二十六条规定的，由上一级人民政府财政部门责令限期改正，对直接负责的主管人员和其他直接责任人员依法给予处分；造成损失的，依法赔偿；构成犯罪的，依法追究刑事责任。

业主大会违反本办法第二十六条规定的，由直辖市、市、县人民政府建设（房地产）主管部门责令改正。

第三十九条 对违反住宅专项维修资金专用票据管理规定的行为，按照《财政违法行为处罚处分条例》的有关规定追究法律责任。

第四十条 县级以上人民政府建设（房地产）主管部门、财政部门及其工作人员利用职务上的便利，收受他人财物或者其他好处，不依法履行监督管理职责，或者发现违法行为不予查处的，依法给予处分；构成犯罪的，依法追究刑事责任。

第六章 附 则

第四十一条 省、自治区、直辖市人民政府建设（房地产）主管部门会同同级财政部门可以依据本办法，制定实施细则。

第四十二条 本办法实施前，商品住宅、公有住房已经出售但未建立住宅专项维修资金的，应当补建。具体办法由省、自治区、直辖市人民政府建设（房地产）主管部门会同同级财政部门依据本办法制定。

第四十三条 本办法由国务院建设主管部门、财政部门共同解释。

第四十四条 本办法自2008年2月1日起施行，1998年12月16日建设部、财政部发布的《住宅共用部位共用设施设备维修基金管理办法》（建住房〔1998〕213号）同时废止。

住房城乡建设部办公厅、财政部办公厅关于进一步发挥住宅专项维修资金在老旧小区和电梯更新改造中支持作用的通知

建办房〔2015〕52号

各省、自治区住房城乡建设厅、财政厅,直辖市建委(房地局)、财政局,新疆生产建设兵团建设局、财务局:

根据《住宅专项维修资金管理办法》(建设部、财政部令第165号,以下简称《办法》)的有关规定,为进一步发挥住宅专项维修资金(以下简称维修资金)在老旧小区和电梯更新改造中的支持作用,提高维修资金的使用效率,维护维修资金所有者的合法权益,现将有关事项通知如下:

一、用好维修资金,支持老旧小区和电梯更新改造

老旧小区改造,有利于改善人居环境,提升人民群众的生活质量,促进城市的有机更新和持续发展,是惠及百姓的民生工程。老旧电梯更新,有利于方便业主居民的出行,消除电梯运行的安全隐患,保障人民群众的生命财产安全。加大维修资金的投入,是建立老旧小区和电梯更新改造多方资金筹措机制的重要途径,有利于实现物尽其用,提高维修资金使用效率,发挥维修资金在保障住宅共用部位、共用设施设备维修、更新和改造中的积极作用。

二、明确使用范围,突出更新改造的目标重点

维修资金的使用,应当按照《办法》规定的使用范围和分摊规则,遵循方便快捷、公开透明、受益人和负担人相一致的原则。

在老旧小区改造中,维修资金主要用于房屋失修失养、配套设

施不全、保温节能缺失、环境脏乱差的住宅小区，改造重点包括以下内容：

（一）房屋本体：屋面及外墙防水、外墙及楼道粉饰、结构抗震加固、门禁系统增设、门窗更换、排水管线更新、建筑节能及保温设施改造等；

（二）配套设施：道路设施修复、路面硬化、照明设施更新、排水设施改造、安全防范设施补建、垃圾收储设施更新、绿化功能提升、助老设施增设等。

在电梯更新中，维修资金主要用于运行时间超过15年的老旧电梯的维修和更换。未配备电梯的老旧住宅，符合国家和地方现行有关规定的，经专有部分占建筑物总面积三分之二以上的业主且占总人数三分之二以上业主（以下简称双三分之二）同意，可以使用维修资金加装电梯。

各地可以根据实际情况确定本地区老旧小区及电梯更新改造的标准和内容。

三、切实履行职责，加强维修资金使用的指导监督

使用维修资金改造老旧小区和更新电梯，应当按照《办法》第二十二条和第二十三条规定的程序办理。在使用维修资金过程中，各地住房城乡建设（房地产）部门应当加强对业主大会、业主委员会和物业服务企业的指导和监督，推行公开招投标方式选聘施工单位，引导第三方专业机构参与审价、监理、验收等使用管理工作，督促业主委员会和物业服务企业履行维修资金的用前表决、工程内容、验收结果及费用分摊等事项的公示义务，保证维修资金使用的公开透明。同时，应当督促建设单位或者公有住房售房单位，分摊未售出商品住宅或者公有住房的更新改造费用，强化落实住房城乡建设（房地产）部门或者街道办事处、乡镇人民政府组织代修的义务，以保证危及房屋安全的紧急情况发生时，老旧小区和电梯更新改造工作能够及时开展。

使用维修资金更新、加装电梯的,应当接受质监部门的技术指导和监督检查,应当取得质监部门出具的鉴定意见和验收合格证明。

使用维修资金开展老旧小区和电梯更新改造,应当符合财务管理和会计核算制度的有关规定。使用由财政部门负责管理的已售公有住房维修资金,业主委员会、物业服务企业或者公有住房售房单位应当向财政部门申请列支。

维修资金的使用和管理,应当依法接受审计部门的审计监督,并向社会公开审计结果。

四、优化表决规则,提高业主组织的决策效率

在老旧小区和电梯更新改造中使用维修资金,为解决业主"双三分之二"表决难题,降低业主大会和业主委员会的决策成本,提高业主使用维修资金的决策效率,各地可以根据《业主大会和业主委员会指导规则》(建房〔2009〕274号)的有关规定,指导业主大会在管理规约和业主大会议事规则中约定以下表决方式:

(一)委托表决:业主将一定时期内维修资金使用事项的表决权,以书面形式委托给业主委员会或者业主代表行使;

(二)集合表决:业主大会对特定范围内的维修资金的使用事项,采取一次性集合表决通过后,授权业主委员会或者物业服务企业分批使用;

(三)默认表决:业主大会约定将未参与投票的业主视为同意维修资金使用事项,相应投票权数计入已投的赞成票;

(四)异议表决:在维修资金使用事项中,持反对意见的业主专有部分占建筑物总面积三分之一以下且占总人数三分之一以下的,视为表决通过。

五、确保应急维修,及时消除房屋使用安全隐患

发生下列危及房屋使用和人身财产安全的紧急情况,需要使用维修资金对老旧小区和电梯立即进行更新改造的,可以不经过业主

"双三分之二"表决同意,直接申请使用维修资金:

(一)电梯故障;

(二)消防设施故障;

(三)屋面、外墙渗漏;

(四)二次供水水泵运行中断;

(五)排水设施堵塞、爆裂;

(六)楼体外立面存在脱落危险;

(七)其他危及房屋使用和人身财产安全的紧急情况。

老旧小区和电梯更新改造需要应急使用维修资金的,业主委员会、物业服务企业或者公有住房售房单位向物业所在地的住房城乡建设(房地产)部门、公有住房维修资金管理部门提出申请。

没有业主委员会、物业服务企业或者公有住房售房单位的,可以由社区居民委员会提出申请,住房城乡建设(房地产)部门或者街道办事处、乡镇人民政府组织代修,代修费用从维修资金账户中列支。

住房城乡建设(房地产)部门、公有住房维修资金管理部门应当在接到应急使用维修资金申请后3个工作日内作出审核决定。应急维修工程竣工验收后,组织维修的单位应当将使用维修资金总额及业主分摊情况在住宅小区内的显著位置公示。

六、建设信息平台,保障业主的参与权和监督权

各地应当充分利用移动互联网、大数据和云计算等现代网络信息技术,建设业主共同决策电子平台,便于业主通过计算机和手机等电子工具参与小区共同事务决策,提高业主参与维修资金使用表决的投票率,保证计票的准确率,解决业主到场投票表决的难题。

各地维修资金管理部门应当建立统一的维修资金信息管理系统,推进维修资金归集、使用、核算、查询和监督等工作的信息化和网络化,逐步实现维修资金管理流程规范化、过程要件格式化、监督管理透明化,开辟方便快捷的查询渠道,切实保障业主维修资

金的知情权和监督权。

为加大维修资金使用管理的公开力度，各地维修资金管理部门应当建立维修资金公告制度，将本地区年度维修资金交存、支出、增值和结余等情况在当地政府网站、报刊等媒体上进行公告。各地住房城乡建设（房地产）主管部门应当指导监督业主委员会、物业服务企业建立维修资金公示制度，将本小区年度维修资金使用、增值和结余等情况在住宅小区内的显著位置公示。

七、加强统计分析，改革创新维修资金使用管理制度

2014年开始建立的维修资金归集、使用、增值和管理数据统计制度，是全面摸清维修资金底数，及时掌握维修资金管理动态信息，辅助维修资金监管工作和完善维修资金法规政策的基础性工作。各地维修资金管理部门应当高度重视此项工作，完善维修资金统计制度和信息报送制度，加强维修资金管理的动态监测和分析，全面、准确、及时汇总上报维修资金基础性数据信息。

在加大维修资金对老旧小区和电梯更新改造的支持力度的同时，各地应当以当前维修资金使用管理中存在的问题为导向，借鉴国内外先进经验，根据本地的实际情况，积极探索在维修资金使用中引入商业保险，在专户银行选择中引入市场竞争机制等制度创新，进一步发挥维修资金对于保障住房正常使用的积极作用。

中华人民共和国住房和城乡建设部办公厅
财政部办公厅
2015年10月17日

城市房屋白蚁防治管理规定

城市房屋白蚁防治管理规定

中华人民共和国住房和城乡建设部令
第 24 号

《住房和城乡建设部关于修改〈房地产开发企业资质管理规定〉等部门规章的决定》已经审定，现予发布，自发布之日起施行。

住房城乡建设部部长
2015 年 5 月 4 日

（1999 年 10 月 15 日建设部令第 72 号发布；根据 2004 年 7 月 20 日建设部令第 130 号第一次修正；根据 2015 年 05 月 04 日住房和城乡建设部令第 24 号第二次修正）

第一条 为了加强城市房屋的白蚁防治管理，控制白蚁危害，保证城市房屋的住用安全，制定本规定。

第二条　本规定适用于白蚁危害地区城市房屋的白蚁防治管理。

本规定所称的城市房屋白蚁防治管理，是指对新建、改建、扩建、装饰装修等房屋的白蚁预防和对原有房屋的白蚁检查与灭治的管理。

凡白蚁危害地区的新建、改建、扩建、装饰装修的房屋必须实施白蚁预防处理。

白蚁危害地区的确定由省、自治区人民政府建设行政主管部门、直辖市人民政府房地产行政主管部门负责。

第三条　城市房屋白蚁防治工作应当贯彻预防为主、防治结合、综合治理的方针。

第四条　国家鼓励开展城市房屋白蚁防治科学研究，推广应用新药物、新技术、新工艺、新设备。

第五条　国务院建设行政主管部门负责全国城市房屋白蚁防治的监督管理工作。

省、自治区人民政府建设行政主管部门负责本行政区域内城市房屋白蚁防治的监督管理工作。

直辖市、市、县人民政府房地产行政主管部门负责本行政区域内城市房屋白蚁防治的监督管理工作。

第六条　设立白蚁防治单位，应当具备以下条件：

（一）有自己的名称和组织机构；

（二）有固定的办公地点及场所；

（三）有生物、药物检测和建筑工程等专业的专职技术人员。

第七条　建设项目依法批准后，建设单位应当将白蚁预防费用列入工程概预算。

第八条　建设项目开工前，建设单位应当与白蚁防治单位签订白蚁预防合同。白蚁预防合同中应当载明防治范围、防治费用、质量标准、验收方法、包治期限、定期回访、双方的权利义务以及违约责任等内容。

白蚁预防包治期限不得低于15年，包治期限自工程交付使用之日起计算。

第九条 白蚁防治单位应当建立健全白蚁防治质量保证体系，严格按照国家和地方有关城市房屋白蚁防治的施工技术规范和操作程序进行防治。

第十条 城市房屋白蚁防治应当使用经国家有关部门批准生产的药剂。白蚁防治单位应当建立药剂进出领料制度。药剂必须专仓储存、专人管理。

第十一条 房地产开发企业在进行商品房销（预）售时，应当向购房人出具该项目的《白蚁预防合同》或者其他实施房屋白蚁预防的证明文件，提供的《住宅质量保证书》中必须包括白蚁预防质量保证的内容。

建设单位在办理房屋产权登记手续时，应当向房地产行政主管部门出具按照本规定实施房屋白蚁预防的证明文件。

第十二条 原有房屋和超过白蚁预防包治期限的房屋发生蚁害的，房屋所有人、使用人或者房屋管理单位应当委托白蚁防治单位进行灭治。

房屋所有人、使用人以及房屋管理单位应当配合白蚁防治单位进行白蚁的检查和灭治工作。

第十三条 违反本规定第六条的规定，从事白蚁防治业务的，由房屋所在地的县级以上地方人民政府房地产行政主管部门责令改正，并可处以1万元以上3万元以下的罚款。

第十四条 白蚁防治单位违反本规定第九条规定的，由房屋所在地的县级以上人民政府房地产行政主管部门责令限期改正，并处以1万元以上3万元以下的罚款。

第十五条 白蚁防治单位违反本规定第十条的规定，使用不合格药物的，由房屋所在地的县级以上人民政府房地产行政主管部门责令限期改正,并处以 3 万元的罚款。

第十六条　房地产开发企业违反本规定第十一条第一款的规定,由房屋所在地的县级以上地方人民政府房地产行政主管部门责令限期改正,并处以 2 万元以上 3 万元以下的罚款。

建设单位未按照本规定进行白蚁预防的,由房屋所在地的县级以上地方人民政府房地产行政主管部门责令限期改正,并处以 1 万元以上 3 万元以下的罚款。

第十七条　房屋所有人、使用人或者房屋管理单位违反本规定第十二条规定的,房屋所在地的县级以上地方人民政府房地产行政主管部门,可以对责任人处以 1000 元的罚款。

第十八条　白蚁防治单位违反本规定从事白蚁防治工作,给当事人造成损失的,承担相应的赔偿责任;造成重大质量事故或者其他严重后果,构成犯罪的,依法追究刑事责任。

第十九条　国家机关工作人员在城市房屋白蚁防治管理工作中玩忽职守、狗私舞弊、滥用职权的,依法给予行政处分;构成犯罪的,依法追究刑事责任。

第二十条　本规定由国务院建设行政主管部门负责解释。

第二十一条　本规定自 1999 年 11 月 1 日起施行。

住房保障档案管理办法

住房城乡建设部关于印发《住房保障档案管理办法》的通知
建保〔2012〕158号

各省、自治区住房城乡建设厅，北京市住房城乡建设委，天津市城乡建设交通委、国土资源房屋管理局，上海市城乡建设交通委、住房保障房屋管理局，重庆市城乡建设委、国土资源房屋管理局，新疆生产建设兵团建设局：

为加强住房保障档案管理制度建设，规范住房保障档案管理工作，我部制定了《住房保障档案管理办法》。现印发给你们，请认真贯彻执行。

中华人民共和国住房和城乡建设部
2012年11月6日

第一章 总 则

第一条 为加强和规范住房保障档案管理，确保其完整、准确、安全和有效利用，根据《中华人民共和国档案法》、《城市建设档案管理规定》和住房保障政策法规，结合住房保障工作实际，制定本办法。

第二条 本办法所称住房保障档案，是指在住房保障管理工作中形成的或者依法取得的具有保存价值的文字、图表、声像等不同形式的历史记录。

第三条 住房保障档案应当真实完整记录住房保障实施情况，全面客观反映住房保障管理状况。

第四条 住房保障档案管理工作实行统一领导、分级管理、分类指导。各级住房保障主管部门应当加强对住房保障档案管理工作的组织领导和制度建设，并组织实施。

第五条 国务院住房城乡建设部门负责全国住房保障档案管理工作。

县级以上地方人民政府住房保障主管部门负责本行政区域内的住房保障档案管理工作。

第六条 市、县级人民政府住房保障主管部门应当根据住房保障档案管理工作情况，在管理机构、设施设备、管理经费等方面，满足档案管理工作需要。

（一）明确档案管理机构，配备必要的档案管理人员，档案管理人员专业技术职务任职资格评审、岗位聘任等按照有关规定执行；

（二）配备符合设计规范的专用库房，配置必要的办公设备和防盗、防火、防溃、防尘、防高温、防有害生物等设施设备，确保档案安全；

（三）统筹安排档案管理经费，确保足额到位，并严格按规定用途使用，不得挤占、挪用。

第七条 住房保障档案管理人员应当遵纪守法，爱岗敬业，忠于职守，具备档案业务专业知识和技能，具体职责是：

（一）执行住房保障档案管理政策法规和档案业务技术规范；

（二）对住房保障档案材料进行收集、整理、归档、保管、利用等；

（三）按要求参加业务培训、继续教育和技能考试，提高业务能力；

（四）维护档案信息安全，遵守档案保密规定，提高档案管理服务水平。

第二章　归档范围

第八条　住房保障档案分为住房保障对象档案和住房保障房源档案。纸质档案应当同步建立电子档案。各类住房保障档案之间应当彼此关联，相互印证。

第九条　住房保障对象档案指正在轮候和已获得住房保障的住房困难家庭或者个人的档案材料，收集归档范围为：

（一）申请材料。包括申请书，申请人的基本情况、住房状况和收入、财产状况证明，诚信申报记录等相关材料；

（二）审核材料。包括审核表，审核部门对申请人的基本情况、住房状况和收入、财产状况等审核记录；

（三）实施保障材料。包括轮候记录、实施保障通知书、房屋租赁合同、房屋买卖合同、货币补贴协议等相关材料；

（四）动态管理材料。包括对住房保障对象基本情况和住房、收入、财产状况等定期或者不定期的审核材料，不良信用记录及违规行为查处材料，变更或者终止保障等动态变更材料。

第十条　住房保障房源档案指已分配使用的保障性住房的档案材料，收集归档范围为：

（一）基本情况材料。包括房屋来源和权属证明材料，房屋地址、所属项目或者小区名称、保障性住房类别、房号、户型、面积等情况记录材料；

（二）使用管理情况材料。包括房屋承租人、租赁期限、租金标准、租金收缴，房屋购置人、购置价格、产权份额，租售转换、上市交易，房屋入住、退出交接手续等情况记录材料。

第十一条　住房保障电子档案指住房保障管理工作中，通过数字设备及环境生成，以数码形式存储，依赖计算机等数字设备阅读、处理，并可以在通信网络上传送的具有规范格式的电子数据文件。收集归档范围为：

（一）纸质档案形成的电子文档。包括住房保障对象和住房保障房源纸质档案的电子化文档；

（二）住房保障管理信息系统的生成文档。包括住房保障管理信息系统运行中生成的文本文件、图形文件、影像文件、声音文件、超媒体链接文件、程序文件等电子文档。

电子档案与相应纸质档案的内容应当保持一致。内容不一致时，以纸质档案为依据进行认定调整；对纸质档案材料存有疑义的，由住房保障主管部门组织核查鉴定后进行认定调整。

第三章　归档管理

第十二条　住房保障对象档案按照"一户一档"的原则，根据《归档文件整理规则》（DA/T22—2000）、《城建档案业务管理规范》（CJJ/T158-2011）等整理立卷，在申请人获得住房保障后三个月内完成归档。

住房保障对象动态管理材料应当定期归入原档，或者根据工作需要单独立卷归档，并与原档的案卷号建立对应关系，便于检索查阅。

第十三条　住房保障房源档案按照"一套一档"的原则，根据《归档文件整理规则》（DA/T22—2000）、《城建档案业务管理规范》（CJJ/T158-2011）等，建立保障性住房的基本情况、使用管理情况登记表格，在房屋分配使用后三个月内完成归档；成套房屋应当按套建立档案，宿舍应当按间建立档案。

住房保障房源使用管理情况的动态变更材料应当定期归入原档，或者根据工作需要单独立卷归档，并与原档的案卷号建立对应关系，便于检索查阅。

第十四条 电子档案应当根据《电子文件归档与管理规范》（GB/T18894—2002）、《建设电子文件与电子档案管理规范》（CJJ/T117-2007）等归档保管。

第十五条 住房保障文书档案资料、会计档案资料及其他具有保存价值的档案资料，应当按照相应档案管理规定及时立卷归档。

第十六条 住房保障档案管理机构应当对归集的档案材料进行查验，确保其符合档案管理要求；定期对已归档的住房保障档案进行检查，发现档案毁损或丢失的按规定采取补救措施。

对档案政策法规规定应当立卷归档的材料，必须按规定整理、立卷、归档管理，任何人都不得据为己有或者拒绝归档。

第十七条 住房保障档案管理机构应当对住房保障档案进行编目，编制不同种类档案相互关联的检索工具，建立档案信息检索与管理系统，做好档案的接收、保管、利用、移交等情况记录，做到保管妥善、存放有序、查阅方便。

第十八条 住房保障档案管理机构的隶属关系及档案管理人员发生变动，应当及时办理交接手续。

第十九条 纸质的住房保障对象档案保管期限，在住房保障期间顺延至终止住房保障后为长期；纸质的住房保障房源档案保管期限为永久。住房保障电子档案保管期限为永久。

第二十条 住房保障档案可以向市、县城建档案馆移交，具体移交办法由省级人民政府住房保障主管部门规定。

第二十一条 住房保障档案管理机构应当定期开展档案鉴定销毁工作。由档案管理、业务部门等相关人员共同组成鉴定组，按照国家档案鉴定销毁的规定，对住房保障档案进行鉴定销毁，销毁档案的目录应当永久保存。禁止擅自销毁处理档案。

第四章　信息利用

第二十二条　市、县级人民政府住房保障主管部门应当依法建立住房保障档案信息利用制度，利用住房保障档案信息，为住房保障申请、审核、分配、复核、退出等管理工作服务，为房屋管理、使用、维护提供依据，为住房保障管理信息系统建设提供支持。

第二十三条　市、县级人民政府住房保障主管部门应当依法建立住房保障档案信息公开和查询制度，规范公开和查询行为，依法保障住房保障对象的合法权益。

第二十四条　住房保障档案信息公开、利用和查询中涉及国家秘密、个人隐私和商业秘密的，应当严格执行法律法规的保密规定。查询、利用所获得的档案信息不得对外泄露或者散布，不得不正当使用，不得损害住房保障对象的合法权益。

第五章　监督管理

第二十五条　各级住房保障主管部门应当切实履行职责，对住房保障档案管理工作进行监督检查，对违法违规行为责令限期改正。

第二十六条　有下列行为之一的，由县级以上人民政府住房保障主管部门、有关主管部门对责任人员，依照《中华人民共和国公务员法》、《中华人民共和国档案法》等法律法规给予处分；构成犯罪的移交司法机关依法追究刑事责任：

（一）不按规定归档的；

（二）涂改、伪造档案的；

（三）擅自提供、抄录、公布、销毁、出卖或者转让档案的；

（四）档案工作人员玩忽职守，造成档案损失的；

（五）其他违反档案管理法律法规的行为。

第二十七条　任何单位和个人有权对违反本办法规定的行为进行检举和控告，有关部门应当依照职责及时核查处理。

第二十八条　对在住房保障档案管理工作中做出显著成绩的单位和个人，按照有关规定给予表彰奖励。

第六章　附　　则

第二十九条　各地可以参照本办法建立棚户区改造安置对象的相关档案。

第三十条　各地可以根据本办法，并结合当地实际，制定具体实施办法。

第三十一条　本办法自2013年1月1日起施行。《建设部关于印发〈城镇廉租住房档案管理办法〉的通知》（建住房〔2006〕205号）同时废止。

全国普法学习读本

★ ★ ★ ★ ★

住房与社区法律法规学习读本

社区综合法律法规

李勇 主编

加大全民普法力度，建设社会主义法治文化，树立宪法法律至上、法律面前人人平等的法治理念。

中国共产党第十九次全国代表大会《决胜全面建成小康社会 夺取新时代中国特色社会主义伟大胜利》

汕头大学出版社

图书在版编目（CIP）数据

社区综合法律法规／李勇主编．-- 汕头：汕头大学出版社（2021.7重印）

（住房与社区法律法规学习读本）

ISBN 978-7-5658-3677-0

Ⅰ. ①社… Ⅱ. ①李… Ⅲ. ①社区管理-法律-基本知识-中国 Ⅳ. ①D922.182.04

中国版本图书馆 CIP 数据核字（2018）第 143404 号

社区综合法律法规　　SHEQU ZONGHE FALÜ FAGUI

主　　编：	李　勇
责任编辑：	邹　峰
责任技编：	黄东生
封面设计：	大华文苑
出版发行：	汕头大学出版社
	广东省汕头市大学路 243 号汕头大学校园内　邮政编码：515063
电　　话：	0754-82904613
印　　刷：	三河市南阳印刷有限公司
开　　本：	690mm×960mm 1/16
印　　张：	18
字　　数：	226 千字
版　　次：	2018 年 7 月第 1 版
印　　次：	2021 年 7 月第 2 次印刷
定　　价：	59.60 元（全 2 册）

ISBN 978-7-5658-3677-0

版权所有，翻版必究

如发现印装质量问题，请与承印厂联系退换

前　言

习近平总书记指出："推进全民守法，必须着力增强全民法治观念。要坚持把全民普法和守法作为依法治国的长期基础性工作，采取有力措施加强法制宣传教育。要坚持法治教育从娃娃抓起，把法治教育纳入国民教育体系和精神文明创建内容，由易到难、循序渐进不断增强青少年的规则意识。要健全公民和组织守法信用记录，完善守法诚信褒奖机制和违法失信行为惩戒机制，形成守法光荣、违法可耻的社会氛围，使遵法守法成为全体人民共同追求和自觉行动。"

中共中央、国务院曾经转发了中央宣传部、司法部关于在公民中开展法治宣传教育的规划，并发出通知，要求各地区各部门结合实际认真贯彻执行。通知指出，全民普法和守法是依法治国的长期基础性工作。深入开展法治宣传教育，是全面建成小康社会和新农村的重要保障。

普法规划指出：各地区各部门要根据实际需要，从不同群体的特点出发，因地制宜开展有特色的法治宣传教育坚持集中法治宣传教育与经常性法治宣传教育相结合，深化法律进机关、进乡村、进社区、进学校、进企业、进单位的"法律六进"主题活动，完善工作标准，建立长效机制。

特别是农业、农村和农民问题，始终是关系党和人民事业发展的全局性和根本性问题。党中央、国务院发布的《关于推进社会主义新农村建设的若干意见》中明确提出要"加强农村法制建设，深入开展农村普法教育，增强农民的法制观念，提高农民依法行使权利和履行义务的自觉性。"多年普法实践证明，普及法律知识，提高法制观念，增强全社会依法办事意识具有重要作用。特别是在广大农村进行普法教育，是提高全民法律素质的需要。

多年来，我国在农村实行的改革开放取得了极大成功，农村发生了翻天覆地的变化，广大农民生活水平大大得到了提高。但是，由于历史和社会等原因，现阶段我国一些地区农民文化素质还不高，不学法、不懂法、不守法现象虽然较原来有所改变，但仍有相当一部分群众的法制观念仍很淡化，不懂、不愿借助法律来保护自身权益，这就极易受到不法的侵害，或极易进行违法犯罪活动，严重阻碍了全面建成小康社会和新农村步伐。

为此，根据党和政府的指示精神以及普法规划，特别是根据广大农村农民的现状，在有关部门和专家的指导下，特别编辑了这套《全国普法学习读本》。主要包括了广大人民群众应知应懂、实际实用的法律法规。为了辅导学习，附录还收入了相应法律法规的条例准则、实施细则、解读解答、案例分析等；同时为了突出法律法规的实际实用特点，兼顾地方性和特殊性，附录还收入了部分某些地方性法律法规以及非法律法规的政策文件、管理制度、应用表格等内容，拓展了本书的知识范围，使法律法规更"接地气"，便于读者学习掌握和实际应用。

在众多法律法规中，我们通过甄别，淘汰了废止的，精选了最新的、权威的和全面的。但有部分法律法规有些条款不适应当下情况了，却没有颁布新的，我们又不能擅自改动，只得保留原有条款，但附录却有相应的补充修改意见或通知等。众多法律法规根据不同内容和受众特点，经过归类组合，优化配套。整套普法读本非常全面系统，具有很强的学习性、实用性和指导性，非常适合用于广大农村和城乡普法学习教育与实践指导。总之，是全国全民普法的良好读本。

目　录

智慧社区建设指南（试行）

前　言 …………………………………………………………（2）
第1章　总　则 ………………………………………………（3）
第2章　评价指标体系 ………………………………………（7）
第3章　总体架构与支撑平台 ………………………………（34）
第4章　基础设施与建筑环境 ………………………………（44）
第5章　社区治理与公共服务 ………………………………（54）
第6章　小区管理服务 ………………………………………（69）
第7章　便民服务 ……………………………………………（74）
第8章　主题社区 ……………………………………………（77）
第9章　建设运营模式 ………………………………………（82）
第10章　保障体系建设 ………………………………………（84）

城乡社区最新政策

关于深入推进农村社区建设试点工作的指导意见 …………（89）
关于加强城乡社区协商的意见 ………………………………（100）
中共中央　国务院关于加强和完善
　　城乡社区治理的意见 ……………………………………（106）
民政部关于大力培育发展社区社会组织的意见 ……………（119）

— 1 —

民政部　财政部关于中央财政支持开展居家和社区
　　养老服务改革试点工作的通知 …………………（126）
中央财政支持开展居家和社区养老服务改革
　　试点工作绩效考核办法 ……………………………（131）
中国银监会办公厅关于农村中小金融机构实施金融服务
　　进村入社区工程的指导意见 ……………………（134）

智慧社区建设指南（试行）

住房城乡建设部办公厅关于印发
《智慧社区建设指南（试行）》的通知
建办科〔2014〕22号

各省、自治区住房城乡建设厅，直辖市、计划单列市建委（建交委、建设局），新疆生产建设兵团建设局：

  智慧社区建设是智慧城市建设的重要内容。根据智慧城市试点工作的总体部署，为指导各地开展智慧社区建设，我部组织编制了《智慧社区建设指南（试行）》，现印发你们，请结合本地区实际参照使用。使用过程中的有关情况和意见请与我部建筑节能与科技司联系。

中华人民共和国住房和城乡建设部办公厅
2014年5月4日

前　言

　　智慧社区是通过综合运用现代科学技术，整合区域人、地、物、情、事、组织和房屋等信息，统筹公共管理、公共服务和商业服务等资源，以智慧社区综合信息服务平台为支撑，依托适度领先的基础设施建设，提升社区治理和小区管理现代化，促进公共服务和便民利民服务智能化的一种社区管理和服务的创新模式，也是实现新型城镇化发展目标和社区服务体系建设目标的重要举措之一。

　　我国智慧社区建设仍然处于初级阶段，存在着一些困难和问题。比如社区基础设施建设水平参差不齐，缺乏社区综合服务平台，应用尚未形成规模；社区治理职能亟待完善，公共服务项目少且使用不便；小区房屋和物业管理服务层次低，社区自治能力尚未充分发挥；便民利民领域应用未能广泛推广；缺乏统筹规划，体制机制不顺畅，相关人才队伍欠缺，可持续的建设运营模式尚未形成。作为智慧城市建设的核心组成部分，智慧社区建设具有见效快、惠民利民的特征，智慧社区还能增强社区居民对智慧城市建设的感知度和社会认同度，为智慧城市建设的普及和宣传增光添彩。

　　积极推进智慧社区建设，有利于提高基础设施的集约化和智能化水平，实现绿色生态社区建设；有利于促进和扩大政务信息共享范围，降低行政管理成本，增强行政运行效能，推动基层政府向服务型政府的转型，促进社区治理体系的现代化；有利于减轻社区组织的工作负担，改善社区组织的工作条件，优化社区自治环境，提升社区服务和管理能力；有利于保障基本公共服务均等化，改进基本公共服务的提供方式，以及拓展社区服务内容和领域，为建立多元化、多层次的社区服务体系打下良好基础。

在新时期新形势下，居民对便捷、高效、智能的社区服务需求与日俱增，倒逼政府优化行政管理服务模式，引导建立健康有序的社区商业服务体系。随着信息技术的高速发展，国内智慧社区建设相关的技术基础较为扎实，面向移动网络、物联网、智能建筑、智能家居、居家养老等诸多领域的应用产品及模式已基本成熟。此外，广州市、深圳市、常州市等经济发达地区已率先开展了智慧社区建设，在社区治理、便民服务等领域取得了显著的成效。因此在我国大规模开展智慧社区建设势在必行。

本指南的主要内容包括智慧社区的指导思想和发展目标、评价指标体系、总体架构与支撑平台、基础设施与建筑环境、社区治理与公共服务、小区管理服务、便民服务、主题社区、建设运营模式、保障体系建设等。

本指南由住房和城乡建设部组织编制，由住房和城乡建设部建筑节能与科技司负责管理，中国城市科学研究会数字城市工程研究中心负责技术解释。请各单位在使用过程中，总结实践经验，提出意见和建议。

第1章　总　则

1.1　适用范围

本指南所指社区是由小区、家庭及社区居委会、业主委员会、物业公司、公共和商业服务公司等构成的社会共同体。

本指南适用于城市（区、新区）智慧社区的建设和运营。

1.2　总体目标

1.2.1　近期目标

通过综合运用现代科学技术，结合当地实际，整合社区各类资源，加强社区服务能力建设，到 2015 年，初步建成 100 个左右的智慧社区示范点。示范点应具备完善的基础设施、高效的社区服务和治理水平、多元化的社区公共服务、智能化的便民利民服务能力，以及具备良好的政策、组织、人才、资金等保障条件。

1）优化基础设施布局。按照《社区服务体系建设规划（2011-2015 年）》要求，力争到"十二五"期末，实现试点社区综合服务设施全覆盖，每百户居民拥有的社区服务设施面积不低于 20 平方米；大力推进社区信息化建设，改善社区宽带、无线、广播电视网等信息基础设施；建成市级或区级社区综合信息服务平台，为社会治理、公共管理与服务和商业服务提供统一接口；新建社区采用绿色建筑标准，通过绿色建筑星级认证的面积比例不小于 25%；水、电、气、热等资源实现智能化控制和节能管理；推进家居、家电和安防等智能家庭终端产品的广泛应用。

2）创新社区治理模式。在政府"重心下移、权力下放"的政策指引下，结合社区自治、社区自我管理的要求和政府基层治理需求，以社区综合信息服务平台为依托，充分发挥社区便民优势与窗口作用，实现 30% 以上的行政审批事项可以在社区受理，社区治安管控成效明显，通过综合执法实现社区事件反应和处理能力显著提高，社区治理能力初步实现现代化。

3）提升社区自治和服务能力。通过运用信息技术，实现社区基础设施普查建库，房屋租赁和公共维修基金服务信息化水平明显提升，业主委员会运作良好，社区自治能力有较大改观，以物业为主体的小区安防、便民快递、停车服务等服务实现智能化，修建管理、环境卫生等物业服务全覆盖，促进社区自治和服务能力显著提升。

4）完善公共服务能力。遵循"需求推动，资源整合"原则,以居民需求为驱动,以开放体系推动政府公共服务资源和社会资源整合,为社区居民提供社区医疗、居家养老、住房保障和宣传教育等创新服务,为专门人群提供定制服务,积极推动市场参与,初步建立多元化社区公共服务模式。

5) 增强便民利民服务智能化水平。充分利用智能手机、电视等终端设备提升家政服务、绿色出行、餐饮、一卡通服务、充值缴费等全方位生活消费服务获取的便捷度,建设商场、校园、医院、车站等主题社区,初步形成具有成熟商业模式、便捷高效的便民利民服务体系。

6) 推动保障条件建设。智慧社区建设推进机制初步建立,多部门联动基础形成,涌现出一批建设运营企业,智慧社区建设进入快车道。

1.2.2 中长期目标

总结"十二五"期间建设成果,通过分类总结智慧社区建设模式,争取到2020年,使50%以上的社区实现智慧社区的标准化建设,同时建立可持续发展的社区治理体系和智能化社会服务模式,建立完善的社区服务体系。

1) 基础设施建设全面覆盖。社区综合服务设施广泛覆盖,社区综合信息服务平台高效、智能、协同,社区50%的建筑实现节能改造或为绿色建筑,智能家庭用户量显著提升,社区基础设施实现集约化、智能化建设。

2) 形成成熟的社区治理模式。社区政务服务能力和效率全面提升,社区安防和治安管控基本实现智慧化,社区治理基本实现现代化。

3) 建立社区公共服务模式。社区居民方便快捷地享受社区各类公共服务,同时建成多元化、多层次、智能化的社区公共服务体系。

4）便民利民服务广泛应用。便民利民服务覆盖社区所有居民，服务便利化、精准化，形成可广泛推广、可复制的商业服务模式。

5）构建健康可持续的智慧社区建设环境。建立权责明晰、集约高效的智慧社区建设推进机构，制定切实可行、引导到位的政策法规，建成一支多层次、高效的人才队伍，通过宣传推广提升政府、科研机构、企事业单位和社会组织对智慧社区建设的认知度、参与度，形成良性的智慧社区建设环境。

1.3 指导思想

以党的十八大和十八届三中全会精神为指导，深入贯彻落实科学发展观，深刻把握新型城镇化进程中社区发展面临的新要求、新课题，以为民服务为根本，立足于社区实际，通过全面深化改革，充分发挥模式创新在增强和提升社区服务与管理中的关键作用，围绕着基础设施智能化，社区治理现代化，小区管理自主化，公共便民服务多元化等目标，促进社区健康可持续发展。

1.4 发展原则

推进智慧社区建设，要坚持以下原则：

1）以人为本，需求导向。把实现社区居民的利益作为智慧社区建设的根本出发点和落脚点，以居民最迫切的现实需求为导向，把社区居民满意程度作为重要考核标准，确保智慧社区建设不偏离服务于民的根本目标。

2）统筹规划，资源整合。要充分结合社区现有资源，统筹规划，合理布局，最大限度地降低社会成本，避免资源浪费。鼓励以智慧城市公共信息平台和基础数据库为依托，搭建市级或区级统一的智慧社区综合信息服务平台，整合社区治理、小区管理、公共便民服务等专项应用，促进社区管理和服务向集约化方向发展。

3）政府引导，社会参与。在各级党委政府领导下，充分发挥政府在规划、政策、法规及标准制定、资金投入和监督管理等方面的引导作用，鼓励和支持社会组织、企事业单位、社区居民共同参与智慧社区建设、管理和运行，充分发挥市场在资源配置中的决定性作用，探索低成本、高实效的智慧社区发展模式。

4）因地制宜，分类指导。坚持从实际出发，充分结合当地经济社会发展现状和趋势，在把握智慧社区建设基本要求的前提下，分类指导，突出重点，分步实施，避免脱离实际的"摊大饼式"建设。

第2章 评价指标体系

2.1 目的和原则

制定智慧社区评价指标体系的目的在于通过量化的科学评测体系，引导智慧社区规划、建设和运行，评价智慧社区建设的效果，发挥指引方向和量化评估作用。指标体系编制遵循三个原则：一是前瞻性，指标能代表智慧社区各领域的最新发展水平；二是操作性，指标的选择要充分考虑数据采集的科学性和便利度；三是扩展性，可根据实际情况对指标体系进行补充、完善和修订。

2.2 评价指标体系

智慧社区指标体系涉及保障体系、基础设施与建筑环境、社区治理与公共服务、小区管理、便民服务和主题社区等六个领域，包括6个一级指标，23个二级指标，87个三级指标。结合我国社区发展现状，将三级指标归纳为26个控制项、43个一般项和18个优选项，控制项是智慧社区建设必须完成的指标，一般项则是在此基础上扩展的指标，优选项是智慧社区探索性和创新性的指标。

表1. 智慧社区评价指标体系

一级指标	二级指标	序号	三级指标	属性	指标说明	评价标准
保障体系	总体设计	1	总体规划	控制项	智慧社区总体规划设计的全面性和科学性。	1）应对整个区域建设智慧社区编制总体规划，总体规划的内容翔实完整，包含发展现状及面临形势、发展目标、空间布局、主要任务和重点项目、运营模式和保障措施等； 2）总体规划需满足当地地经济社会发展规划和各类专项规划对社区发展的要求。
		2	实施方案	控制项	智慧社区实施方案的完整性和可行性。	1）实施方案内容完整，包含需求分析、建设目标、技术路线、主要任务、运营模式、保障条件等内容； 2）实施方案在充分调研基础上开展，与社区居民需求吻合，技术路线切实可行。
		3	建设标准	控制项	智慧社区建设实施所遵循的主要标准。	智慧社区建设实施遵循国家和行业的主要标准和规范，并制定本地具体实施的技术标准。

— 8 —

续表

一级指标	二级指标	序号	三级指标	属性	指标说明	评价标准
保障体系	保障条件	4	组织保障	控制项	成立专门的领导组织体系和执行机构，负责智慧社区创建工作。	1）成立相应的组织体系和执行机构； 2）组织体系具备综合协调政府职能部门、社会组织和企业的能力； 3）执行机构具备专业人才开展智慧社区的统筹规划与建设。
		5	政策保障	控制项	制定智慧社区建设和运行的政策。	制定配套政策，能保障智慧社区建设运行顺利进行。
		6	资金保障	控制项	智慧社区建设的经费规划和保障措施。	1）资金保障措施可行性强； 2）有投融资渠道或经费规划。
	管理模式	7	网格化管理	优选项	采用网格化管理理念，以社区网格为载体，建立社区网格化服务管理的长效运行机制。	1）社区实现网格化管理全覆盖； 2）显著提高发现问题和处理效率，以及专项任务完成效率。
		8	统一便民服务热线	优选项	统一便民服务热线的规模和服务能力。	1）全市区建设统一的便民服务热线，智慧社区相关投诉、咨询、家政、政务等业务纳入市区级服务热线，坐席配比达到5万人/坐席，二十四小时应答机制，接通率达到100%； 2）建立二十四小时应答机制，接通率达到100%； 3）社区居民对便民服务热线的满意度达到85%以上。

— 9 —

续表

一级指标	二级指标	序号	三级指标	属性	指标说明	评价标准
保障体系	管理模式	9	评价考核	控制项	对智慧社区各参与方的考核办法及评价标准的制定情况、实施情况。	1）已制定智慧社区面向政府委办局、社区、物业公司和服务提供单位的考核办法、评价标准切实可行； 2）考核办法能有效提高智慧社区建设实施和管理服务效率； 3）考核办法执行情况良好，且已制定与之配套的奖惩机制。
基础设施与建筑环境	综合信息服务平台	10	数据采集	控制项	通过信息共享或网格员采集等手段，实现社区人口、法人、建筑、经济、管理对象等数据的采集和维护。	1）平台具备数据采集功能，支持手机等移动终端采集方式； 2）采集数据覆盖社区人口、法人、建筑及经济等内容，数据内容至少每年更新一次，尽可能实现实时更新； 3）实现数据统一采集、分类应用。 4）数据采集功能具备扩展性。
		11	标准接口	控制项	平台与智慧城市公共信息平台、各专项应用的标准化接口建设与使用情况。	1）接口包含信息资源基础服务、资源服务和信息资源管理服务； 2）标准化接口功能使用状况，包括接口种类、接口使用频率等； 3）标准化接口功能具备可扩展性。

续表

一级指标	二级指标	序号	三级指标	属性	指标说明	评价标准
基础设施与建筑环境	综合信息服务平台	12	数据交换	一般项	平台具备与智慧城市公共数据库等平台和系统的数据交换功能。	1) 具备数据统一交换、信息资源同步更新及数据比对、清洗等功能; 2) 数据交换功能的实际使用状况良好,形成较好的数据更新机制,数据交换种类覆盖省中政务类、公共服务类涉及的人、地、物、情、事、组织、审批、劳动、住房、文体、生育等信息; 3) 具备双向数据交换功能; 4) 数据交换功能具备可扩展性。
		13	中间件	一般项	平台采用各种成熟的中间件情况,减少开发工作量和提高服务质量。	1) 中间件具备工作流、表单、BI等组件; 2) 中间件常态运行满足系统吞吐量、并发用户数和可接受的响应时间要求; 3) 中间件具备可维护性和可扩展性。
		14	数据安全	控制项	信息安全的保障措施和有效性。	1) 数据安全保障体系符合相关法规及标准; 2) 无信息安全事故发生。

— 11 —

续表

一级指标	二级指标	序号	三级指标	属性	指标说明	评价标准
基础设施与建筑环境	信息基础设施	15	宽带网络	控制项	包括光纤在内的固定宽带接入覆盖面、速度等方面的基础网络建设	1) 社区宽带网络覆盖率达到80%以上； 2) 宽带接入能力达到50Mbps及以上。
		16	无线网络	一般项	无线网络的覆盖面、速度等方面的基础条件。	1) 无线网络覆盖率达到95%以上； 2) 无线宽带接入带宽达到5兆以上。
		17	广播电视网	一般项	下一代广播电视网络建设和使用情况。	数字电视和IPTV互动电视覆盖率达到50%以上。
		18	物联网	一般项	各种渠道（包括政府和社会）在传感终端、传感网络等方面的建设和使用情况。	1) 物联网服务种类达到3种以上； 2) 物联网服务终端覆盖率达到30%以上。
	综合服务设施	19	社区服务中心和服务站	控制项	社区服务中心和服务站的规模、服务项目、信息化水平等方面建设情况。	1) 建设社区服务中心（或服务站），为社区管理与服务提供办公场所； 2) 通过社区服务中心（或服务站）实现社区治理与公共服务事项数量； 3) 社区居民对社区服务中心（或服务站）的服务满意度达到90%以上。

— 12 —

续表

一级指标	二级指标	序号	三级指标	属性	指标说明	评价标准
基础设施与建筑环境	综合服务设施	20	医疗卫生设施	一般项	社区医疗卫生设施建设情况。	1) 社区内配备健康小屋、卫生站、社区门诊、社区医院等医疗设施； 2) 医疗健康管理设施面积达到每户家庭2平方米以上； 3) 提供10种以上的健康检测内容； 4) 实现医院与健康管理平台的互联互通。
		21	文体设施	一般项	社区文体设施建设情况。	1) 社区内配备图书馆、活动中心、体育场所等文体设施，覆盖率达到50%社区以上； 2) 人均文体设施面积达到0.8平方米以上。
		22	市政公用设施	一般项	社区市政公用设施建设情况。	1) 社区内市政公用设施配备齐全，包含密闭式清洁站、公厕、市政站点、公共停车场9%以上； 2) 设施设备完好率99%以上，事故率低于2%。
智能绿色建筑		23	可再生能源综合利用	一般项	根据当地气候和自然资源条件，充分利用太阳能、地热能等可再生能源。	在社区范围内，可再生能源的使用量占总能耗的比例大于5%的建筑占30%以上。
		24	绿色照明	一般项	建筑高效节能照明以及照明节能方面的措施	1) 高效节能灯具安装率达到60%以上； 2) 社区路灯、景观灯节能提高20%以上。

续表

一级指标	二级指标	序号	三级指标	属性	指标说明	评价标准
基础设施与建筑环境	智能绿色建筑	25	饮水安全、节水及水资源综合利用	一般项	采用节水器具和设备；绿化用水、洗车用水等非饮用水采用；通过雨污分流、集蓄，实现雨水的综合利用。	1) 社区范围内所有建筑综合节水率不低于 8%； 2) 社区范围内非传统水源利用率不低于 10%的建筑占 30%以上。
		26	社区能源规划管理及建筑节能改造	一般项	建设建筑能源综合管理系统，对建筑能耗开展分项计量。	参照《绿色建筑评价标准》，建筑能源效率、绿色运营管理满足一星级绿色建筑以上相关要求的建筑占 40%以上。
		27	建筑设备智能监控	一般项	对供配电系统、变配电设备、通风设备、空调系统设备、动力设备（电梯及自动扶梯）、照明设备、给排水设备、热源设备等运行工况的监视和控制，以及对公共安全防范系统、火灾自动报警等消	1) 建筑智能设备安装率达到 40%； 2) 智能设备在线监控率达到 80%以上。
		28	智能电网及微电网	一般项	社区电网、微电网等的智能化及环保程度。	1) 社区内微电网覆盖率达 85%以上； 2) 节能效率较常规供电提升 5%以上。

— 14 —

续表

一级指标	二级指标	序号	三级指标	属性	指标说明	评价标准
基础设施与建筑环境	智能家庭	29	智能家居	优选项	社区智能家居使用情况。	1) 智能产品兼容性和性价比高； 2) 与社区、小区联网，降低家庭安全隐患； 3) 家庭安防产品使用居民满意度达到90%以上。
		30	家庭安防	优选项	社区家庭安防系统建设及运行情况。	1) 家庭影音、空调、热水等家电的自动化控制； 2) 智能家电故障率低于每年1次。
	社区室内外环境	31	热环境	一般项	室外热环境：社区热环境优化，降低小区内的热岛强度，居民的热舒适度，提高建筑节能耗；室内热环境：评价人员的热感受。	室外热环境： 1) 热环境管理评价标准：社区居民满意率达85%以上； 2) 热环境评价标准：夏季典型日逐时湿球黑球温度≤33℃。冬季定性评价为主，风速不大于5米/秒； 室内热环境： 1) 热环境管理评价标准：社区居民满意率达85%以上； 2) 热环境评价标准：符合现行热环境质量标准。夏热冬冷地区及部分夏热冬暖地区不低于各地室内采暖温度下限（北方室内热环境符合采暖相关标准，房间的屋顶和东、西外墙内表面的最高温度满足《民用建筑热工设计规范》GB 50176的要求。设置典型空间温度监测，冬季室内温度过低提供预警提示）。

— 15 —

续表

一级指标	二级指标	序号	三级指标	属性	指标说明	评价标准
基础设施与建筑环境	社区室内外环境	32	声环境	一般项	主要包括由交通、施工以及空调设备等产生的噪声污染。	1) 声环境管理评价标准：社区居民满意率达85%以上； 2) 声环境评价标准：噪声达标区覆盖率≥90%，采用《声环境质量标准》（GB3096—2008），噪声达标区覆盖率=噪声达标区域面积/社区用地总面积×100%。
		33	光环境	一般项	包含夜景照明光污染控制和建筑表面光污染控制	1) 光环境管理评价标准：社区居民满意率达85%以上； 2) 光环境评价标准：a. 消除幕墙、夜景等污染源；b. 采用透明、半透明或不透明的格栅或棱镜格光源封闭起来，或将灯具安装在梁背后或嵌入建筑物，控制可见亮度，减弱眩光；c. 玻璃幕墙材符合《玻璃幕墙光学性能》GB/T18091的规定，尽量避开在干扰区布置灯具；d. 室外夜景照明光污染限制符合行业标准《城市夜景照明设计规范》JGJ/T163的规定。

— 16 —

续表

一级指标	二级指标	序号	三级指标	属性	指标说明	评价标准
基础设施与建筑环境	社区室内外环境	34	空气质量	优选项	包括社区室外悬浮细颗粒物，主要是指PM2.5；室内甲醛、苯、甲苯、二甲苯、氨气、TVOC等有害物质以及一氧化碳、二氧化碳等。	室外空气质量： 1) 室外空气质量管理评价标准：社区居民满意率达85%以上； 2) 室外空气质量评价标准：评价标准为社区年PM2.5优良天数≥292天，典型区域设置PM2.5监控装置，每日实时展示。 室内空气质量： 1) 室内空气质量管理评价标准：社区居民满意率达85%以上； 2) 室内空气质量评价标准：a. 室内空气中的氨、甲醛、苯、总挥发性有机物、氡等污染物浓度应符合现行国家标准《室内空气质量标准》GB/T 18883与《民用建筑室内环境污染控制规范》GB 50325有关规定；b. 主要功能空间中人员密度较高且随时间变化大的区域设置室内空气质量监控系统；c. 地下车库设置与排风设备联动的一氧化碳浓度监测装置。

— 17 —

续表

一级指标	二级指标	序号	三级指标	属性	指标说明	评价标准
社区治理与公共服务	对象管理	35	人口管理	控制项	通过信息化技术应用，实现对社区各类人口信息的动态采集、更新、维护和诉求上报。	社区人口信息及时更新，数据量覆盖社区内常住人口，覆盖85%以上流动人口。
		36	社会组织管理	控制项	通过信息技术应用，对社会组织信息及相关各类事件的动态采集、更新和维护、监督。	1) 社会组织信息全部实现在线录入、更新和维护； 2) 对社会组织事件的及时掌握、发布和定期监督。
		37	党建管理	一般项	通过信息技术应用，实现对党员和党组织管理。	1) 党建工作延伸到社区，党员和党组织信息实现在线更新、管理和维护，工作效率明显提升； 2) 社区党员对党组织活动的参与度达到70%，认同度较高。
		38	志愿者管理	一般项	通过信息技术应用，对志愿者进行全面管理，实现志愿者资源的合理调配。	1) 实现社区志愿者信息的注册登记、更新、维护； 2) 注册社区志愿者达到本地区居民总数10%以上，每个社区拥有5支以上志愿者服务队伍，经常开展活动；

— 18 —

续表

一级指标	二级指标	序号	三级指标	属性	指标说明	评价标准
社区治理与公共服务	专门人群服务	39	退休人员服务	一般项	通过信息技术手段应用，为退休人员提供养老金发放和维修、购物、医疗等上门服务。	1) 通过信息手段为社区退休人员提供社保资格认证、居民养老保险、医疗保险的申请登记、公示核实，受理报销和养老金的审核发放等服务； 2) 为退休人员提供丰富的文化、体育活动、维修、购物和医疗等上门服务； 3) 退休人员对社区服务的满意度达到85%以上。
		40	残疾人服务	一般项	对残疾人实行动态管理和服务，并通过康复服务和文体活动为残疾人提供生活和卫生服务。	1) 残疾人信息登记率达到100%，并实现动态管理和维护； 2) 为残疾人提供包括假肢、矫正仪器和无障碍设施服务，专门针对残疾人开展相应文体活动； 3) 残疾人及监护人对此类服务满意度达到90%以上。
		41	流动人口服务	一般项	为社区内流动人口提供信息采集、登记、居住证明办理服务及社会保障和基本公共服务的宣传。	1) 流动人口信息覆盖率达到85%以上，并实现动态更新； 2) 为流动人口提供居住证明办理和基本公共服务宣传； 3) 流动人口对社区各类服务满意度达到85%以上。

— 19 —

续表

一级指标	二级指标	序号	三级指标	属性	指标说明	评价标准
社区治理与公共服务	政务服务	42	行政审批	控制项	通过信息技术应用，推进行政审批向街道社区延伸，实现行政审批"一站式服务、扁平化管理"。	1) 10%的行政审批事项下沉到社区； 2) 社区行政审批效率比传统模式提高50%； 3) 事项办理平均耗时在5天以内； 4) 社区居民满意度达到85%以上。
		43	综合执法	控制项	通过信息技术应用，实现社区综合执法水平提升。	1) 通过社区各类事件的信息采集上报、考核评价，实现社区管辖范围内的综合执法，确保社区秩序稳定； 2) 做到一天内解决社区事件，事故发生率降低10%； 3) 社区居民对综合执法满意度达到80%以上。
	治安管控	44	社区警务	一般项	依托社区警务工作站，按要求配备社区民警，开展治安防控，结合警民互动提升社区安全服务能力。	1) 可通过整合社区人口、监控视频等数据协助案件侦破； 2) 可预防性案件发案率降低20%； 3) 群众满意率达到95%以上。
		45	调解矫正	一般项	通过信息技术应用，对社区矫正对象和矫正工作实行信息化管理。	1) 实现矫正对象行为的动态了解； 2) 所有矫正对象至少每季度接受一次矫正教育。

续表

一级指标	二级指标	序号	三级指标	属性	指标说明	评价标准
社区治理与公共服务	基本公共服务	46	劳动就业	一般项	社区劳动就业服务能力、服务质量及信息管理水平。	1) 整理、录入、分析社区居民就业失业情况，分发就业信息，办理职业介绍许可等； 2) 成立社区劳动就业服务组织，为社区居民提供2次/年的专项就业咨询、指导和推荐服务； 3) 解决社区40%的失业人员再就业问题。
		47	社区医疗	控制项	为社区居民提供医疗咨询、自检诊断、送药上门等服务，构建居民健康档案，提升社区医疗水平。	1) 每个社区建有健康管理医疗卫生设施，提供自助式的健康自检服务； 2) 为80%的社区居民建立健康电子档案； 3) 社区居民对医疗健康服务设施、服务能力满意度达到80%以上。
		48	居家养老	控制项	通过信息化手段为老年人提供远程看护、上门服务、安全预警等居家养老服务。	1) 通过智能终端为居家老人提供远程看护、紧急支援、信息查询、远程医疗、社区服务、家政上门、电器维修等服务项目； 2) 居家老人意外事故发生率降低10%，意外事故发生后做到15分钟内快速响应； 3) 社区居民对居家养老服务满意度达到90%以上。

— 21 —

续表

一级指标	二级指标	序号	三级指标	属性	指标说明	评价标准
社区治理与公共服务	基本公共服务	49	住房保障	一般项	通过信息化手段，提高住房保障政策法规宣传、保障房申请、初审、公示等服务能力。	1) 开展住房保障政策法规的咨询和宣传及保障房申请、登记、初审、公示服务； 2) 社区居民对住房保障政策宣传、办事规范、办事效率和信息公开的满意度达到90%以上。
		50	文体教育	一般项	文体教育服务内容、宣传力度及信息化建设情况。	1) 包括开展文化活动、教育、培训服务、学生社会实践等内容； 2) 社区居民对文体教育服务的参与度提高，满意度达到85%以上。
		51	计划生育	一般项	通过信息技术手段应用，在社区开展计划生育相关申请办理和宣传教育服务。	1) 计生信息覆盖率达到95%以上； 2) 实现准生证等事项一站式快速办理； 3) 社区居民对计划生育服务满意度达到85%以上。
	法律宣传	52	法律服务	一般项	通过信息技术手段应用开展法律宣传服务。	1) 建立门户网站、显示屏、宣传页等法律信息服务载体； 2) 居民对法律服务内容和服务获取便捷性的满意度达到85%以上。

— 22 —

续表

一级指标	二级指标	序号	三级指标	属性	指标说明	评价标准
社区治理与公共服务	法律宣传	53	科普宣传	一般项	通过应用信息技术开展面向社区政务服务、基本公共服务等领域的科普宣传活动。	1) 社区科普宣传活动以门户网站、显示屏、宣传页等为信息推送主要载体； 2) 居民对科普宣传的内容和服务获取便捷性的参与度明显提高，满意度达到85%以上。
小区管理服务	房屋管理	54	产权服务	一般项	通过应用信息技术实现小区产权信息的动态管理和服务。	1) 房屋产权信息全面覆盖，包含小区内所有房产的位置、物业类型、房屋结构、房号、户型及住户等信息； 2) 产权信息实现在线录人、动态更新； 3) 信息维护工作落实具体责任人。
		55	租赁服务	一般项	通过应用信息技术为业主和居民提供房屋租赁服务。	1) 社区居民通过租赁服务平台发布或获取房屋租赁信息的首选度达到50%； 2) 租赁服务安全、规范； 3) 信息维护工作落实具体责任人。
		56	公共维修基金使用服务	一般项	通过应用信息技术规范公共维修基金的使用和管理。	1) 公共维修基金的使用实现在线查询、申请、审批和公示； 2) 社区居民对公共维修基金服务满意度达到85%以上。

续表

一级指标	二级指标	序号	三级指标	属性	指标说明	评价标准
小区管理服务	业主委员会管理	57	业主大会	一般项	召开业主大会行使业主权利义务。	1) 大会召开频率至少 2次/年； 2) 通过网络、信息推送等形式向社区居民推送大会通知、决定事项等内容； 3) 业主大会社区居民参与度达到 90%以上。
		58	业主委员会	一般项	成立业主委员会行使业主权利和义务。	1) 成立业主委员会，代表全体业主对小区主要事项进行决策和监督，信息在线公开； 2) 社区居民对业主委员会工作满意度达到 85%以上。
		59	业主责任权利	一般项	通过信息技术应用，完成业主责任权利宣贯。	1) 通过网站和信息推送实现业主责任权利宣贯； 2) 80%以上的业主对自身责任权利有清晰认识。
	物业管理	60	物业公司选聘与解聘	一般项	业主委员会具备对物业公司行使选聘与解聘的权利。	业主委员会可选聘与解聘物业公司，相关信息在网站公示。
		61	修建管理	一般项	社区建筑装修管理规划及违章查处情况。	1) 对装修改造的规范性与违章搭建和装修改造及时监管； 2) 社区居民对违章搭建和装修改造的投诉降低80%，对此类事件的处理效率满意度达到 85%以上。

续表

一级指标	二级指标	序号	三级指标	属性	指标说明	评价标准
小区管理服务	物业管理	62	商铺服务	一般项	对社区商铺的开展消防、安全、卫生、噪音等管理。	1) 及时掌握社区商铺信息并实现在线录入、更新、维护; 2) 定期检查社区商铺的消防、安全、卫生、噪声等项目,督促整改; 3) 商铺对小区物业管理规范性的满意度达到85%以上。
		63	小区公共收益管理	一般项	通过信息技术应用,规范小区公共收益的管理。	小区公共收益的收取与支出实现在线公示。
		64	民情互动	控制项	通过多媒体触控大屏,实现社区信息的推送和居民的交互应用。	1) 信息屏发布包含政务服务、基本公共服务、小区管理、便民利民等社区服务信息; 2) 信息屏故障率低于 2次/台年; 3) 社区居民对民情互动满意度达到85%以上。
		65	安防消防	控制项	通过信息技术应用,实现小区安防消防监控和管理。	1) 实现小区出入门禁和消防设施联网管理; 2) 小区安全事故发生率降低至 4次/年; 3) 社区居民对小区安全管理满意度达到90%以上;

— 25 —

续表

一级指标	二级指标	序号	三级指标	属性	指标说明	评价标准
小区管理服务	物业管理	66	便民快递	优选项	通过信息技术应用,实现小区末端物流配送。	1) 实现小区内所有的快件集中收取,居民方便取件; 2) 制定全面、可行的制度保障快件收发安全; 3) 居民对便民快递的满意度达到90%以上。
		67	智能停车	一般项	通过信息技术应用,为社区停车提供智能化服务。	1) 提供智能化的出入管理、停车引导、反向寻车等停车服务; 2) 社区居民对智能停车服务的满意度达到90%以上。
		68	环境卫生	控制项	为社区居民提供垃圾分类处理和小区绿化等环境卫生管理服务。	1) 社区居民对垃圾分类参与度达到90%以上,小区垃圾分类收集率达到65%以上; 2) 小区绿化覆盖率达到35%以上; 3) 社区居民对小区环境满意度达到90%以上。
便民服务	生活服务	69	便民利民网点	控制项	建立社区超市、便利店、标准化菜店等便民网点,并通过信息关联实现网上同等便民服务。	1) 便民利民网点覆盖率达到95%以上; 2) 各网点接入便民信息化模块,提供网上服务。

续表

一级指标	二级指标	序号	三级指标	属性	指标说明	评价标准
便民服务	生活服务	70	家政服务	控制项	通过信息化预约等手段为社区居民提供保姆、护理、保洁、家庭管理等家政服务。	1）社区居民可通过统一门户网站实现保姆、护理、保洁、家庭管理家政服务在线预约； 2）家政服务咨询、投诉等业务服务和投诉接入统一便民服务热线； 3）家政服务投诉率降低10%。
		71	绿色出行	优选项	通过社区拼车、公共自行车租赁服务，为社区居民绿色出行提供便利。	1）300—500米半径公共自行车租赁网点覆盖率达到100%，支持一卡通消费，支持网上预约、续借、归还等服务； 2）统一门户网站提供拼车出行服务，并能通过身份认证、信息登记等保障拼车行为的安全性； 3）通过发布或定制推送相关公交信息，为居民出行提供便利； 4）社区居民绿色出行首选度提高30%。
		72	餐饮服务	一般项	通过信息化手段提升就餐便捷度。	1）提供社区食堂、健康早餐、送餐等餐饮服务； 2）提供热线和网上订餐相结合的订餐服务； 3）食品安全得到保障，且有完善的食品安全监管体制。

续表

一级指标	二级指标	序号	三级指标	属性	指标说明	评价标准
便民服务	生活服务	73	社区互动	优选项	通过实体网点或网上平台建立跳蚤市场，实现物品交换、回收利用等服务。	1) 在社区统一门户开辟社区互动模块，为社区居民提供开放性平台； 2) 鼓励通过线下交易保障交易安全； 3) 50%的社区居民开展互通有无活动的频率达到2次/年。
	金融服务	74	一卡通服务	一般项	通过运用信息化手段，实现社区消费和身份识别等，提高社区居民生活便捷性。	1) 一卡通实现社区住户身份识别、出入门禁、车辆停车、社区图书借阅、消费结算、水电气缴费等功能。 2) 如市级统一建设，则将一卡通服务扩展到社区，避免重复建设； 3) 社区应具备一个一卡通售后服务场所； 4) 社区居民对一卡通服务的满意度达到90%。
		75	便民缴费	控制项	通过信息技术手段应用，提高公用事业缴费和服务便捷度。	1) 便民缴费服务可覆盖一卡通、煤气水电、交通识款、ETC、医疗挂号等领域； 2) 居民对便民缴费的覆盖面和服务效率满意度达到95%以上。

续表

一级指标	二级指标	序号	三级指标	属性	指标说明	评价标准
便民服务	金融服务	76	社区银行	优选项	利用信息化手段，开展社区金融服务，打通社区端银行业务受理及简易办理，并为居民提供"一站式"金融服务方案。	1) 社区银行业务范围涉及个人简易金融业务及各类消费金融业务； 2) 社区银行整合办公场所，实现跨行合作，并为社区居民提供特惠服务； 3) 居民社区银行首选提高至50%，金融服务满意度达到90%以上。
主题社区	共性支撑	77	免费WIFI网络	优选项	向受众提供免费WIFI网络	提供免费WIFI网络区域全覆盖，网络带宽满足应用需求。
		78	下载及注册服务	优选项	支持基础性的APP下载及用户注册功能	提供APP下载及用户注册功能。
		79	结算服务	优选项	通过手机银行、网银或者社区一卡通等提供结算服务	提供2种及以上的结算服务。
	建设运行保障	80	投资建设模式	优选项	有明确的投资、投融资建设主体，以及合理的投融资模式及建设实施方案，并结合运营对投资回报率进行测算。	具有科学合理的主题社区投资建设模式。

— 29 —

续表

一级指标	二级指标	序号	三级指标	属性	指标说明	评价标准
主题社区	建设运行保障	81	运营模式	控制项	指需要有明确的运营主体，以及科学的运营模式及具体实施方案，并对运营收益进行详细测算。	具有科学合理的主题社区运营模式，可支撑主题社区的可持续运营和发展。
		82	标准规范	控制项	指具有统一的标准，指导和规范各类主题社区建设。	制定本区域主题社区建设运营的标准规范。
	典型应用	83	商业社区	优选项	在各类商业区域范围内，通过免费WIFI网络为顾客提供预约、消费、导引和提醒等类型的服务。	1）预约类服务：提供如订票购票、周边餐饮订餐、选位等预订预约等服务； 2）消费类服务：提供门户及索引、优惠打折活动、团购、电子券、节庆活动拼单以及其他方式等消费类信息的推送及查询服务； 3）导引类服务：提供场地分布图、导购图、停车导航等导引类服务； 4）提醒类服务：提供各类打折信息定制提醒等服务。

— 30 —

续表

一级指标	二级指标	序号	三级指标	属性	指标说明	评价标准
主题社区	典型应用	84	掌校社区	优选项	在各类校园区域范围内，通过免费WIFI网络为在校师生提供预约、消费、导引、发布、提醒和业务等类型的服务。	1）预约类服务：提供如选位、预约借书、点餐、快递等方面的预订预约服务； 2）消费类服务：提供周边与师生生活息息相关商户的优惠打折活动、团购等消费类信息的推送及查询服务； 3）导引类服务：提供场地分布图及智能停车导航、校园介绍等导引类服务； 4）发布类服务：提供团体活动、各类通知、勤工俭学、实习、志愿者、家教、拼车出行、闲置物品交易等信息发布兼论坛类型的服务； 5）提醒类服务：提供各类通知、活动、报告、讲座、车次等相关事项的定制提醒； 6）业务类服务：提供各类信息资料、报刊杂志等业务类推送服务。

— 31 —

续表

一级指标	二级指标	序号	三级指标	属性	指标说明	评价标准
主题社区	典型应用	85	医院社区	优选项	在各类大中型医院区域范围内，通过免费WIFI网络为患者及家属提供预约、导引、发布、提醒和业务等类型的服务。	1) 预约类服务：提供如挂号、床位、点餐等方面的预订预约服务； 2) 导引类服务：提供场地分布图及导医图、停车导航等导引类服务； 3) 发布类服务：提供各类通知、以及医生出诊等信息发布服务； 4) 提醒类服务：提供各类相关检查报告、叫号领取、提供电子病历及处方、检查报告提醒服务，方便患者及家属及时领取； 5) 业务类服务：提供电子病历及处方、检查报告等业务信息的推送服务。
		86	交通社区	优选项	在机场、各类车站、站台、公交及长途汽车内，通过免费WIFI网络为旅客或送客人员提供预约、消费、导引、发布和提醒等类型的服务。	1) 预约类服务：提供如订票购票、周边餐饮订餐、选位等方面的预订预约服务； 2) 消费类服务：提供周边与旅客相关消费信息的推送及打折活动等消费类商户的优惠服务； 3) 导引类服务：提供车次实时信息、场地分布图及停车导航等导引类服务；

— 32 —

续表

一级指标	二级指标	序号	三级指标	属性	指标说明	评价标准
主题社区	典型应用	86	交通社区	优选项	在机场、各类车站、站台、公交及长途汽车内，通过免费WIFI网络为旅客或乘送客人员提供预约、消费、导引、发布和提醒等类型的服务。	4) 发布类服务：提供各类通知、列车时刻表、晚点信息、拼车等信息发布兼论坛类型的服务； 5) 提醒类服务：提供车次等相关事项的定制提醒服务。
		87	旅游社区	优选项	在各大旅游景区范围内，通过免费WIFI网络为游客提供预约、导引、发布和提醒等类型的服务。	1) 预约类服务：提供如订票购票、周边餐饮订餐、住宿预订等方面的预约服务； 2) 导引类服务：提供场地分布图及智能导游、景点介绍、交通和车次实时信息及路径规划、停车导航等导引类服务； 3) 发布类服务：提供其它相关旅游景区的介绍、团体活动、拼车等信息发布兼论坛类活动； 4) 提醒类服务：提供车次等相关事项的定制提醒服务。

— 33 —

第 3 章　总体架构与支撑平台

3.1　总体框架

智慧社区总体框架以政策标准和制度安全两大保障体系为支撑，以设施层、网络层、感知层等基础设施为基础，在城市公共信息平台和公共基础数据库的支撑下，架构智慧社区综合信息服务平台，并在此基础上构建面向社区居委会、业主委员会、物业公司、居民、市场服务企业的智慧应用体系，涵盖包括社区治理、小区管理、公共服务、便民服务以及主题社区等多个领域的应用，如图 1 所示。

图 1. 智慧社区总体框架图

1）基础设施

基础设施包括设施层、网络层和感知层三个部分：
设施层是智慧社区管理服务的载体和依托，覆盖社区、建筑和家庭三个层面，包括以社区服务中心、社区服务站、医疗卫生设施、文化体育设施和市政公用设施为主的综合服务设施，以及以"四节一环保"、"水、电、气、热智能化监管"为特征的智能绿色建筑，以智能家居、智能家电为主的智能家庭。

网络层是一体化融合的网络基础设施，支撑智慧社区的高效运行，包括宽带网络、无线网络、广播电视网和物联网等智能网络，通过把社区内各种智能枢纽和节点统一接入，实现网络无处不在、智慧运行的目标。

感知层是通过信息采集识别、无线定位系统、RFID、条码识别等各类传感设备，对社区中的人、车、物、道路、地下管网、环境、资源、能源供给和消耗、地理信息、民生服务信息、企业信息等要素进行智能地感知和自动获取，实现社区的"自动感知、快捷组网、智能化处理"。

2）支撑平台

智慧社区综合信息服务平台架构在城市公共信息平台和公共基础数据库上，由市级或区级统一建设，包括政务服务、公共服务和商业服务三大版块，通过数据规范和接口服务，接入政府相关部门业务数据和商业服务数据，支撑各类智慧应用服务，与上级平台实现数据共享。

3）智慧应用

智慧应用体系架构在智慧社区综合信息服务平台之上，涵盖了以对象管理与专门人群服务、政务服务、治安管控为主的社区治理与公共服务，以房屋管理和物业管理为主的小区管理，以生活服务和金融服务为主的便民服务，以及主题社区等五大领域,涉及社区管理、运行、服务三个层面。各类应用遵循智慧社区综合信息服务平台建设规范的标准,通过数据交换和整合,统一以平台向居民、企业等提供服务,并对各种活动做出闭环响应。

4) 用户对象

智慧社区的用户和服务对象主要包括:社区居委会、业主委员会、物业公司、居民、市场服务企业以及相关社会组织等。

5) 保障体系

智慧社区的网络、基础设施、支撑平台和各类应用系统的建设与运行维护,需符合已有的标准规范,如相关的技术标准、数据标准、接口标准、平台标准、管理标准等。智慧社区的政策和标准体系,要符合国家、行业以及各地城市发展的总体要求。

3.2 智慧社区综合信息服务平台

3.2.1 平台简介

智慧社区综合信息服务平台是智慧社区的支撑平台,是以城市公共信息平台和公共基础数据库为基础,利用数据交换与共享系统,以社区居民需求为导向推动政府及社会资源整合的集成平台,该平台可为社区治理和服务项目提供标准化的接口,并集社区政务、公共服务、商业及生活资讯等多平台为一体。

结合社区实际工作的特点与模式,智慧社区综合信息服务平台的定位是一个轻量级、服务功能模块化的平台,其框架如图2所示。

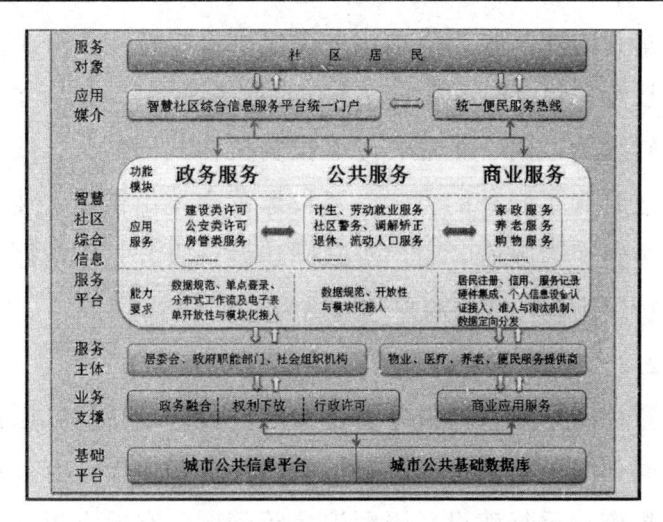

图 2. 智慧社区综合信息服务平台框架图

政务服务模块：各行政机关及社会公共机构可将自身业务系统的受理环节设立在社区服务窗口，由社区面向居民负责事务的受理和收件，具体的行政审批和许可的决定仍由原机关作出，社区负责该决定的告知，从而实现在不打破原有管理体制的前提上，切实为群众办理各类事项提供方便。在此基础上，通过公共信息平台和基础数据库中业务以及数据的重组与整合，为居民提供更多、更便捷的服务。

公共服务模块：平台整合各业务部门以及社会公共机构的服务窗口。随着政府职能下沉和服务进程加快，社区在公共服务中的地位将会逐步显现。

商业服务模块：社会资源服务与居民生活息息相关，借助智慧社区的开放平台，通过建立信用和淘汰机制，为居民提供便民利民服务，也为商家提供各类基础数据与服务。

平台采用"政府主导、社区主体、市场运作"的运营模式，将政府牵头的社区服务信息化系统建设逐步转变为一个多元主体共同投资、建设和运营的"大信息服务平台"。投资主体由政府独家转变为政府、企业、专业投资机构共同参与，或以社会投资、政府购买服务的方式；建设运营主体由街道、业务主管部门为主转变为政府、商户等共同建设，服务主体由原来的政府主导扩展为以社区、商户和居民为主。

3.2.2 建设目标

智慧社区综合信息服务平台的建设目标是在社区层面实现城市不同部门异构系统间的资源共享和业务协同，有效避免城市多头投资、重复建设、资源浪费等问题，有效支撑社区内各系统正常、健康地运行，为社区居民提供良好的服务，也为政府实现高效的业务管理提供方便。

3.2.3 能力要求

3.2.3.1 数据汇聚与整合

平台通过交换系统从城市公共信息平台或各委办局的信息源获取人口、法人、地理空间、宏观经济及建筑物等数据。

3.2.3.2 数据管理与服务

平台实现对公共基础数据库的服务封装，根据已发布的接口规范，以统一接口服务实现智慧应用对公共基础数据库资源的开发与访问。

3.2.3.3 数据交换

数据交换服务系统的作用在于实现信息资源统一交换，实现人口、法人等信息资源的同步更新，同时将社区采集数据交换到各职能部门。数据交换服务系统应具备数据比对、清洗、转换、异常处理等交换服务所需的基本功能，能力要求：

1) 提供信息整合功能，可按主题要求形成共享资源库的数据集合，支持动态组件形式的数据清洗等处理功能；

2) 支持自动编码转换，统一标准；

3) 支持主动与被动两种数据交换方式，实现按需交换；

4) 支持增量与全量数据的同步；

5) 支持订阅式数据交换模式，提供订阅过滤支持，支持键值、一对多、多对多等多种数据落地方式；

6) 提供异构数据库、跨平台数据交换功能；

7) 无缝支持结构化及非结构化资源交换，数据采集方式丰富，支持触发器、数据库日志、时间戳、轮询等数据采集方式供用户选择；

8) 基于web图形化平台配置，简单易操作；

9) 统一管理元数据，提供统一标准化字段，规范系统；

10) 为用户提供个性定制处理组件接口，方便自由拓展；

11) 支持自定义数据交换格式，确保无需代码开发的情况下，完成新交换节点的接入，实现交换元素及规则的调整等；

12) 支持信息资源申请调度流程化，支持目录驱动交换；

13) 支持非侵入业务式的前置交换服务。

3.2.3.4 服务与接口

平台通过第三方提供时空信息承载服务、专题数据分析及挖掘等服务组件，能按业务发展需要动态调整，并以统一接口方式提供给各类智慧应用。平台提供开发接口服务，内容包括二次开发包、web services等，以满足不同的开发用户群需要。开发者或应用开发商通过平台提供的SDK，调用平台提供的服务与自身业务应用进行集成，或开发基于综合信息服务平台的应用系统。

3.2.3.5 平台互联

平台按照统一规范发布接口与服务，实现城市内多平台间的互联互通。

3.2.3.6 业务协同能力

在业务支撑系统中，工作流平台按照事先制定的业务规则，自动流转公文或其他的审批信息。当业务规则发生变化时，用户只需要在工作流提供的建模工具上可视化地修改流程模板，即可达到对业务流程的及时调整。工作流平台利用系统内的消息平台来实现内部用户之间的即时通讯、文件传送以及任务提醒等功能，并支持邮件提醒、短信提醒等。分布式的工作流结合电子表单能跨网络、跨平台的进行业务集成，是实现跨部门业务协同与数据共享的有效途径。

3.2.3.7 平台安全

1）统一身份认证服务

由身份数据库、身份管理与数据服务、资源管理与访问控制PKI基础设施、电子签章及其应用等组成，能够向区域范围内所有系统提供用户身份数据服务，能够为智慧社区应用整合提供支撑满足单点登录的需求。

2）密钥管理

密钥管理提供信息安全加密传输的功能，通过密钥管理可进行公钥和密钥的查询、添加修改和删除，从而确保数据传输过程的安全性。

3）数据安全保密授权管理

数据只有经授权才可使用，需要设置数据管理的分级权限。

3.2.4 建设规范

智慧社区综合信息服务平台是开放的集约式平台，各类智慧应用按照统一的应用平台建设规范进行接入。

平台建设三种类型的接口，即基础服务接口、资源服务接口（发现接口、资源接口）和资源管理接口。基础服务接口是将资源服务接口和资源管理接口中基础性、共性的操作定义成一个公共接口。这三类接口实现了信息资源的发现、检索和管理功能。

基础接口：提供会话管理功能和服务自描述功能，包含有目录服务初始化接口、目录服务终止接口和服务自描述接口等。

发现接口：提供信息资源元数据检索功能以及检索结果提取功能，包含有目录检索接口以及目录检索结果提取接口。这些接口本身并不提供资源，而是提供资源基本信息以及如何去获得这些资源的元数据。

资源接口：根据发现接口获得的信息资源元数据，定位、查找资源具体内容的接口，包含资源内容检索接口及其结果提取接口。

管理接口：提供元数据管理功能，包含信息资源元数据管理接口。

3.3 智慧社区基础数据

基础数据是智慧社区的核心内容之一。智慧社区作为智慧城市的子集，需要充分共享和利用智慧城市的数据资源和平台，建立社区相关的数据交换接口规范和标准，对不同应用子系统的数据采用集中、分类、一体化等策略，进行合理有效的整合，保障支撑层内各不同应用之间的互联。智慧社区基础数据包括人口、地理、部件、消息、事项和建筑等六大类。

3.3.1 人口数据库

以城市人口库为基础，结合各业务条线内人口数据库的相关要求，统一规范标准，统一数据格式，通过集中导入、清洗及过滤，形成统一的综合人口数据库，实现人口信息在各个职能部门之间的实时高效共享。优化社区分散采集和更新维护，应用网格化管理思路强化数据动态管理，与市级人口数据库及各条线数据库保持定期同步并及时更新。

人口基础数据是社区经济社会发展中各部门应用系统的重要基础，对劳动就业、税收征管、个人信用、社会保障、人口普查、计划生育、打击犯罪等系统的建设具有重要意义。人口基础数据库的数据来自公安、劳动保障、民政、建设、卫生、教育等相关部门。

3.3.2 地理数据库

以市级地理信息平台数据为基础，借助第三方商务地图数据支持，整合全市自然资源与空间基础地理信息及关联的各类经济社会信息，建立多源、多尺度且更新及时的空间共享数据库，构建科学、规范的空间信息共享与服务的技术体系，有效提升信息资源共享能力。同时，区分内外网不同的安全要求，优化基础数据采集和维护，根据各应用系统的不同要求，由不同主体分层负责地理数据的采集和维护。

3.3.3 部件数据库

部件数据库包括社区内各类公用设施的地理数据和属性数据。按照相关行业标准，部件分为公用设施类、道路交通类、市容环境类、园林绿化类、房屋土地类、其他设施类等。公用设施类主要包括水、电、气、热等各种检查井盖，以及相关公用设施等；道路交通类主要包括停车设施、交通标志设施等；市容环境类主要包括公共厕所、垃圾箱、广告牌匾等；园林绿化类主要包括古树名木、绿地、雕塑、街头坐椅等；房屋土地类主要包括宣传栏、人防工事、地下室等。

3.3.4　消息数据库

消息数据库包括各系统平台发布的各类规范资讯和动态信息，对各系统平台消息类数据进行整合，实现消息数据格式标准化和分类标签化，并优化消息生成、共享和查询机制，根据不同权限实现内外网分层管理，同时规范数据呈现，动态智能排序。

3.3.5　事项数据库

事项数据库包括各系统平台运行中形成的审批、服务、咨询、投诉和任务等事项处理数据，并实现与市行权事项数据库的同步与对接，支持对规范事项流程和权限进行定制，对非规范事项流程灵活设置，优化事项分类自动匹配查询等应用功能。

3.3.6　建筑数据库

建筑物数据库是社区内建筑物属性信息、空间信息、业务数据和服务数据的集合，是智慧社区的重要支撑数据，是社区网格化管理和服务的定位基础。

建筑物基础数据是指描述建筑物基本自然属性的数据，包括建筑名称、门牌地址、平面位置、建造年代、建筑状态、使用年限、主要用途、结构类型、建筑层数、建筑高度、总建筑面积等信息。建筑物扩展数据是对建筑物基础数据的扩展，主要指描述建筑物本身物理实体的几何位置、空间关系等信息，包括二维图形数据和三维模型数据等。

建筑物业务数据是指建筑物管理和应用部门在日常业务管理及应用中产生的核心的专业数据,主要包括规划、建设、交易、抵押、租赁、物业、公安、消防、民政、社会保障等业务过程中产生的核心数据。

第4章 基础设施与建筑环境

4.1 信息基础设施

4.1.1 基础标准

根据智慧城市顶层设计和有关标准,对智慧社区的技术、体系结构、参考模型、数据模型等进行规范和指导。

4.1.2 感知层标准

感知层是智慧社区的基础,包含感知控制元器件、感知控制网关及传感网络,以实现对物理世界的感、知、控等功能,完成对环境以及感知对象的信息采集,将信息转换为规定的数据格式送达至网络层,按照约定规则,通过感知控制器件对物体实现智能控制。感知层标准主要包括自组网和短距离传输网、数据和视频信息采集两类标准。

4.1.3 网络层标准

智慧社区网络层需提供安全、可靠、及时的数据传送,实现全面的互联互通。网络层标准主要包括网络层融合和基础网络两类标准。

按照《"宽带中国"战略及实施方案》要求,到2015年我国将初步建成适应经济社会发展需要的下一代国家信息基础设施，基本实现城市光纤到楼入户、农村宽带进乡入村，固定宽带家庭普及率达到50%，第三代移动通信及其长期演进技术（3G/LTE）用户普及率达到32.5%，行政村通宽带（有线或无线接入方式，下同）比例达到95%，学校、图书馆、医院等社会机构基本全部实现宽带接入。城市和农村家庭宽带接入能力基本达到20Mbps和4MbpS，部分发达城市达到100MbpS。在社区宽带网路建设中，要积极利用各类社会资本，以多种方式推进光纤向用户端延伸，加快下一代广播电视网宽带接入网络的建设，逐步建成以光纤为主、同轴电缆和双绞线等接入资源充分利用的社区固定宽带接入网络。

4.2 智能绿色建筑

4.2.1 智能电网

智能电网是功能强大的能源转换、高效配置和互动服务平台。在社区建设此平台，将社区范围内的风能、太阳能、生物质能等可再生能源转换为电能，实现多能互补、协调开发、合理利用的局面，为社区提供清洁、可靠的电力供应；与互联网、物联网、智能移动终端等相互融合，通过电力基础设施、用电信息及优化建议，服务于智能家庭、绿色交通、绿色建筑的发展，共同打造绿色节能的智慧社区。

4.2.1.1 分布式电源接入及储能

分布式电源（Distributed Energy Resources，DER）发电并网及储能是充分利用分散式可再生能源、提高能源利用效率、实现节能减排的重要环节，同时能对配电网起到辅助支撑的作用，不仅节省投资、发电灵活、环境兼容，同时还能适应分散式能源开发利用的需求，主要包括：分布式电源接入、微电网、储能以及直流布线等。

分布式电源装置是指功率为数千瓦至 50MW 小型模块式、环境兼容的独立电源（包括光伏发电、风电、水源热泵等），用以满足电力系统和用户特定的要求。

微电网是一种新的分布式电源运行方式和技术，将发电机、负荷、储能装置及控制装置等结合在一起，形成一个单一可控的独立供电系统。它采用了大量的现代电力电子技术，将分布式电源和储能设备并在一起，直接接在社区用户侧，可以满足社区用户特定的用电需求。

储能系统是微电网中必不可少的部分，它可以在几秒钟内反应居民用电的负荷需求，提高本地可靠性、降低馈线损耗、保持本地电压稳定，保证压降的修正及提供不间断电源。其在微电网中主要用于提供短时供电、电力调峰、改善微电网电能质量、提升微电源性能等。

4.2.1.2 电动汽车充电设施

电动汽车充电设施主要有充电站和充电桩两种，可按照社区电动汽车发展需求，配置合理数量的充电站和充电桩。充电站由充电机、一次系统、二次系统、充电站监控系统、充电机控制系统、配电系统、安防监控系统、计量计费系统、标识系统等部分组成。充电桩主要由土建部分、配电系统、监控系统三部分组成。充电桩安装类型主要有落地式及壁挂式两种，落地式用于地上停车场、社区商业中心等有条件安装在地上的区域，而壁挂式则主要用于居民小区内的地下停车场等。

4.2.1.3 社区能效服务

以家庭、社区管理人员为服务对象，以智能用电相关数据源为基础，基于多变量、多维度的智能用电能效分析模型，实现家庭及整个社区的智能用电能效综合分析。

对于社区居民及社区管理人员，分别提供家庭、楼宇及公共场所用电明细查询、电费及用电构成分析等主要功能，使其全面、细致地了解自身用电行为，引导用户节约用电。此外结合电力公司提供的社区电能输送、使用和服务相关功能，可实现包括用能采集服务、用电互动服务、需求响应、能效分析等功能。

4.2.2 可再生能源综合利用

可再生能源综合利用融合了太阳能发电并网及储能、地下水源热泵等系统内容，综合了计算机技术、综合布线技术、通信技术、控制技术、测量技术等多学科技术领域，通过智能用电的建设，实现楼宇用电经济高效、节能环保的目标，达到节能和新能源利用的目的。

4.2.2.1 太阳能发电并网及储能

太阳能发电并网及储能主要提供供电、储能、并列和解列及微网运行功能。供电功能实现智能用电楼宇中的光伏发电及并网系统接入楼宇内部低压电网，为楼宇内用电负荷提供电能；储能功能指光伏发电及并网系统安装有蓄电池，能够储存并释放电能，用于平滑光伏发电系统的出力、正常状态下电力供应及应急供电；并列和解列功能指光伏发电并网可实现同主网的并列，为主网提供调峰等功能，并能够同主网解列；微网运行指通过操作微网隔离装置，将楼宇微网负荷及光伏发电系统同主网断开，并由光伏发电系统或其储能装置对其供电，形成微网运行状态。

光伏发电及并网系统由光伏电池阵列、蓄电池、光伏发电控制及并网装置、微网隔离装置等构成，在与电网并网节点处安装有双向电表。

光伏发电及并网系统的光伏电池阵列及控制并网装置安装在楼顶，就地接入楼宇照明线路。照明线路与主网线路间通过微网隔离装置相连，微网隔离装置通过通信网可以接受来自配电自动化主站的并列或解列命令，以实现并网或微网运行。

4.2.2.2 地下水源热泵

地下水源热泵系统承担智能用电楼宇的夏季供冷和冬季采暖。水源热泵系统主要由以下几个部分组成：

1）水源热泵机组：水源热泵空调系统的制冷（热）源，通过各个房间循环水由热泵机组进行内部交换。

2）制冷剂循环系统：由压缩机、蒸发器、冷凝器和膨胀阀四大部件组成。

3）蒸发器侧水系统：由热泵的蒸发器和循环水泵组成。自然界中的水源经循环水泵送至热泵的蒸发器，在蒸发器中与低温低压的液态制冷剂进行热交换，放出热量，温度降低，流回自然界的水体中。

4）冷凝器侧水系统：由热泵的冷凝器和循环水泵组成。系统中的循环水由循环水泵送至热泵的冷凝器，在冷凝器中与高温高压的气态制冷剂进行热交换，吸收热量，温度降低，然后流回空调房间。

5）风机盘管：风机盘管安装于所需要降温的房间内，用于将冷冻水冷却了的（或加热了的）空气吹入房间加速房间内的热交换。

6）水泵：经水泵和回灌泵也称上水泵和下水泵，分别用来抽取地下水和将使用过的地下水进行回灌，使地下水形成循环。

相关附属部件包括干燥过滤器、压力控制器、气液分离器、单向阀等，为提高运行的经济性、可靠性和安全性而设置。

4.2.2.3 风光互补路灯系统

风光互补发电系统主要由风力发电机组、太阳能光伏电池组、控制器、蓄电池、逆变器、交流直流负载等部分组成，该系统是集风能、太阳能及蓄电池等多种能源发电技术及系统智能控制技术为一体的复合可再生能源发电系统。

风光互补路灯是风光互补发电系统的典型应用，根据天气变化，利用太阳能和风能的互补性，通过太阳能和风能发电设备集成系统供电，白天存储电能，晚上通过智能控制系统实现社区内路灯照明，实现绿色能源利用。

4.2.3 饮水安全、节水及水资源综合利用

智慧社区应最小化地降低人类生活对自然水体在水量及水质上的影响，协调发展与水资源及水环境之间的关系，在综合考虑居民饮水安全、节水经济成本、环境影响与资源效益的基础上，减少常规水资源的使用，综合利用再生水及雨水等水资源，提高城市的用水安全及效率，保障城市自然水循环的健康。

4.2.3.1 社区居民饮水安全

社区内按照《生活饮用水卫生标准》（GB5749-2006）要求的水质标准，配备二次净化的供水设施，确保社区居民饮用水安全，也可为特定社区居民和商户提供直饮水。二次净化供水设施主要采用小型净水处理设备或建设供水站，与市政供水主

管网对接，通过生物和物理的方法处理后，配送至社区各供水管网。

4.2.3.2 水资源综合利用设施

水资源综合利用主要包括雨水、再生水两个部分。通过再生水和雨水的全面利用，以及雨水、再生水的互补利用，水景补水有了保障，加上绿化浇灌、道路广场冲洗，达到减缓城市供水压力，节约水资源的目的。

雨水资源的综合利用主要通过建设雨水处理站（一般建在社区公共水体景观的地下空间里），对收集到的雨水进行循环净化处理后回用于景观水体的补水、绿化、洗车用水和空调补水。根据用途的不同，要求经过处理的雨水达到不同的水质标准：绿化灌溉、洗车用水应符合《城市污水再生利用城市杂用水水质》，景观用水应符合《城市污水再生利用景观环境用水水质》，回用于空调系统的冷却水应符合《宾馆饭店空调用水及冷却水水质标准》。

再生水资源的综合利用主要通过建设再生水站，对社区内建筑物产生的污水进行截流，通过管网收集至再生水站（一般建在社区公共水景的地下空间里），经一系列生化处理、过滤、消毒后，再通过管道配送至各建筑物，用于中央空调冷却塔的补充用水、地下车库冲洗、部分建筑物冲厕用水。中水回用应符合《室外排水设计规范》（GB50014-2006）、《生活杂用水水质标准》（GB/T18920-2002）等标准规范进行处理。

4.2.3.3 水资源综合管理信息平台

平台包括基础功能与专业功能两部分，其中，基础功能包括地图显示与系统管理，专业功能包括数据管理维护、用水现状分析、节水水平评估以及基于用户用水效率提高的节水潜力分析。各个功能模块之间在功能层次是相互独立的，但在应用层次是可以相互灵活调用的。

4.2.4　社区能源规划管理及建筑节能改造

针对社区用能的特征和管理需求，融合节能理念，开展社区能源规划管理，并综合运用现代科学技术，建立社区能源管理平台，对社区内各类建筑能源管理系统的运行数据进行实时采集、运行监测、数据分析、节能优化、科学管理等，提高系统能效，降低运营成本，协助建立规范化社区能源管理体系，实现节能减排。

4.2.4.1　社区能源规划

社区能源规划是建筑节能的基础，在规划阶段应融合节能理念：社区平均能耗要低于本地区同类建筑能耗平均水平、低于国家建筑节能标准的能耗水平、社区内建筑达到星级绿色建筑标识水平、根据当地的条件确定可再生能源利用的比例、以及社区建成后的温室气体减排量等。整个社区能源规划应围绕这些类型的节能目标来制定，同时要经过缜密的思考与充分论证，研究技术经济可行性和环境影响。

4.2.4.2　社区能源管理平台

构建社区能源管理平台，对社区内能源的使用进行综合管理，实现对各类建筑、各类系统用能的系统化管理，实现建筑能源信息数字化管理以及用能设备的信息化管理，实现对社区能源（电、气、油、煤、水、冷、热）的计量与分析，及对建筑、系统用能的指标化管理，为用户提供节能改造措施，为用能系统提供优化的节能运行策略以及故障诊断等。

4.2.4.3 建筑节能改造

社区内建筑主要分为居住建筑和公共建筑,根据《节能建筑评价标准》(GB/T50668-2011),建筑节能体系主要考察以下七大方面:建筑规划、围护结构、采暖通风与空气调节、给水排水、电气与照明、室内环境和运营管理等。大部分的新建建筑都要严格符合建筑节能标准,而对于绝大部分的既有建筑,则需要对不符合民用建筑节能强制性标准的既有建筑的围护结构、供热系统、采暖制冷系统、照明设备和热水供应设施等实施节能改造。改造主要包括:外墙、屋面、外门窗等围护结构的保温改造;采暖系统分户供热计量及分室温度调控的改造;热源(锅炉房或热力站)和供热管网的节能改造;涉及建筑物修缮、功能改善和采用可再生能源等的综合节能改造。

4.3 智能家庭

4.3.1 智能家居

以住宅为平台,利用综合布线技术、网络通信技术、自动控制技术、音视频技术等将家居生活有关的设施进行集成,构建高效的住宅设施与家庭日程事务的管理系统,提升家居安全性、便利性、舒适性、艺术性,实现环保节能的居住环境。

应用要实现对全宅的舒适系统(灯光、遮阳等)、家庭娱乐(背景音乐、呼叫对讲、视频互动等)、健康系统(空调、新风、加湿等)、安防系统(监控、安防、门禁、人员定位)等智能系统进行管理。可以用遥控等多种智能控制方式实现;并可用定时控制、电话远程控制、电脑本地及互联网远程控制等多种控制方式实现功能,实现节能、环保、舒适、方便的效果。

4.3.2 家庭安防

运用安全防范产品和其他相关产品构建家庭入侵报警系统、视频安防监控系统、出入口控制系统、防暴安全检查等的系统。

出入口门禁安全管理系统集自动识别技术和现代安全管理措施为一体,是解决重要出入口实现安全防范管理的有效措施。利用无线网络覆盖实时监测人员在室内外位置及身份信息(不同人员可定义不同颜色实现可视化跟踪)。通过控制屏观察到访客的位置,以及贵重物品移位监管。

4.4 社区室内外环境

4.4.1 热环境

随着居民生活品质的提升,不同区域对室内热环境的要求不断提高。北方符合采暖相关标准室内热环境,夏热冬冷地区及部分夏热冬暖地区冬季热环境不容易达标。通过在典型室外区域和典型房间内设置监测点,结合社区居民定期调研的反馈情况,对社区室内外热环境进行动态监控,并采用先进的、智慧化的方法和手段,优化室内外热环境,有效降低小区内的热岛强度,提高居民的热舒适度和降低建筑能耗。

4.4.2 光环境

光环境对人的精神状态和心理感受具有较大的影响,而光污染泛指影响自然环境,对人类正常生活、工作、休息和娱乐带来不利影响,损害人们观察物体的能力,引起人体不舒适感和损害人体健康的各种光,包含夜景照明光污染控制和建筑表面光污染控制。采用先进的、智慧化的方法和手段,尽量消除社区内幕墙、夜景等污染源,有效控制可见光亮度、减弱眩光,为社区创造宜居舒适的光环境，对社区居民的生产生活意义重大。

4.4.3 空气质量

近年来，我国多地空气质量污染严重，尤其是出现了连续多天雾霾席卷全国大部分省市的极端现象，而且大有愈演愈烈的趋势。室外空气质量主要指室外悬浮细颗粒物，以PM2.5为主，这些细颗粒物直接进入人体肺胞，会严重影响人们身体健康，而室内空气质量是用来指示环境健康和适宜居住的重要指标，主要是指室内甲醛、苯、甲苯、二甲苯、氨气、TVOC等有害物质以及一氧化碳、二氧化碳等是否达到标准规定要求。通过在典型室外区域和典型房间内设置监测点，有效地对室内外空气质量进行动态监控，并通过智能终端、社区公示、网络发布等方式使居民随时随地了解到环境空气质量，有利于推动公众更加积极地参与环境监督。

第5章 社区治理与公共服务

5.1 对象管理与专门人群服务

5.1.1 人口管理

以地名地址管理为基础，以人口和房屋管理为主要内容，以网格管理为主要思路，以部门信息共享交换为主要支撑，实现对社区各类人口信息的动态采集、更新和维护，并通过对居民各类诉求的采集上报，保证数据录入的准确性，实现市民与政府的良性互动，形成实时、敏捷、长效管理机制，真正做到社区"底数清、情况明"。具体包括：

1）人口基础信息管理：依托网格员主动采集和部门共享交换相结合的方式，建立良性的人口数据动态采集更新机制。

2）常住人口管理：包括对常住人口的户籍登记、暂住证/居住证办理、从业人员、人口和房屋信息核实等业务。

3）流动人口管理：流动人口中重点人员和安全隐患、流动人口案（事）件、违法活动线索、出租房屋内案（事）件等业务。

4）社区电子沙盘：将社区、小区、网格、楼栋等信息直观的展现在电子沙盘中，方便工作人员快速定位楼栋房间，实现对场所、家庭、人口的精细化管理。

5）移动工作终端：将人口基础信息管理、常住人口管理、流动人口管理等基础数据维护工作扩展到移动终端上，方便网格巡查员走街入户、发现问题、上报工作、实时维护基础数据、执行任务。

5.1.2 社会组织管理

本应用通过信息化手段，实现行业协会商会类、科技类、公益慈善类、城乡社区服务类社会组织信息及社会组织相关各类事件的动态采集、更新、维护和监督，以此规范社会行为，解决社会问题，充分发挥社会组织的公益性作用。具体包括：

1）组织类型管理：主要指机关企事业单位，包括市属机关单位、区属机关单位、军事单位、医疗机构、院校（幼儿园）、媒体单位、金融单位、邮政单位、文物保护单位、非公企业、社会服务公司等类型。

2）经济组织管理：主要指未登记办照、未年审、存在违法犯罪行为等方面的管理。

3）社会组织管理：主要指未登记注册、未年审、存在违法犯罪行为等方面的管理。

5.1.3 党建管理

以网格化管理为主要思路，完善党员管理（党员信息、认岗和联户等）和党组织管理（党组织信息、分类和定级等），提升党建工作效率和质量，规范党内日常管理，实现党干管理同步，为社区党建工作打造一个先进的技术平台、高效的工作平台。具体包括：1）党员管理：对正式党员、预备党员、入党积极分子等管理。

2）党员认岗：明确党员在社区中担任的职位，并对其工作情况进行考核。

3）党员联户：确定党员负责服务的人员范围，体现党员为民服务的职能。

4）党组织管理：包括对党组织类型（如非公有制、公有制、事业单位等）、党组织层级（如党委、党工委、党支部等）的管理，以及对党组织结构层次和人员构成的管理。

5）分类和定级：综合党员"自我评价"和"自我评分"以及上级组织的实地考核情况，确定党组织定级情况（如先进、一般、后进）。

6）网上公开：即党员发展和奖惩、党务干部选拔任免、党的方针政策等适合党员干部学习、借鉴和向全体党员干部公开的党务内容，予以及时公开。

7）活动通知体系，即党员参加组织活动、集中教育学习前，以网上活动内容上挂、短信活动内容群发等多种方式并行通知。

5.1.4 志愿者管理

借助信息化手段,对志愿者的信息、活动、团队进行全面管理,详细记录志愿者的所有档案信息和活动,建立一个较完整的志愿者管理系统,便于管理服务志愿者和相关的团队活动,促进人力、财力、物力更好的分配利用和协调调度。具体包括：

1) 志愿者信息管理：主要包括队员资料、志愿者献血记录、志愿者服务记录。

2) 活动信息管理：主要用于记录服务队每次组织的活动信息,包括活动内容、活动时间、活动地点、活动费用等信息。

3) 团队管理：主要用于新建团队,录入团队编号、所属协会、所属区域等相关信息。

5.1.5 退休人员服务

通过信息技术手段,提高目标人群享受基本养老保险、基本医疗保险等方面服务的便捷程度,为退休人员提供文化、体育活动和维修、购物、医疗等上门服务,提升社会保险服务的质量监督水平,提高居民生活保障水平。具体包括：

1) 扶老助残：为老年人提供包括生活照料、家政服务、医疗救护、文化娱乐、精神慰藉在内的服务。

2) 医疗卫生：资助低收入家庭大病重病患者就医,开展公众卫生健康、送医送药活动,帮助困难群众解决看病难等问题。

3) 社保服务：提供查看基本社会保险的重要通知、公告信息与工作动态；提供查看社会保险法律法规,及养老保险、医疗保险的各项政策法规；对退休人员在使用社保服务中遇到的常见问题,提供解决方案。

5.1.6 流动人口服务

通过信息技术手段，为流动人口提供信息采集、登记、居住证明办理服务，提供健全的文、体、卫服务设施和丰富的服务内容，提升社区内流动人口社会保障、基本公共服务水平。具体包括：

1）信息录入和事项办理：流动人口信息采集、登记、更新及居住证明办理。

2）扶贫救助：为低收入家庭、贫困人群提供生活救助、提供资金或物资支持。

3）文化体育科普：资助、扶持、推动公益文化、科学知识普及和体育事业的发展。

4）留守儿童、困难儿童服务：采集建立留守儿童、困难儿童基本信息，政府对其提供社会保障，组织文、体等服务内容，引入服务机构，对其心理、物质做特定的帮助服务。

5）法律援助服务：为低收入城乡居民、外来务工人员等提供免费法律咨询、诉讼代理等法律援助服务。

6）支教助学服务：对低收入家庭学生、外来务工人员子女在当地就读所需费用提供支持，资助因病、因困等原因辍学的学生重返校园。

7）就业服务：为大学生、外来务工人员、下岗失业人员等人群开展劳动技能培训、创业知识培训及其他有助于就业和创业的活动。

5.2 政务服务

5.2.1 行政审批

通过下放审批权限、减少和规范审批事项，拓展网上审批，推进行政审批向街道社区延伸，社区居民可自行选择便捷审批路线，实现行政审批"一站式服务、扁平化管理"。具体包括：

1）网上审批办事窗口：社区居民可根据自己的需求选择相应的审批模式、审批内容，并填写真实信息后提交。

2）网上审批追踪：待提交审核通过后，可对审批文件进行实时跟踪。

3）审批提醒督促：可对停留过久的审批文件进行提醒督促，审批人员在收到消息后可根据实际情况做出调整。

4）便民审批服务中心：主要负责审批人员的日常办公工作，对公众提交的审批信息根据审批内容和审批模式，审批社区中分门别类的管理和审核，由各职相关人员进行签收处理。

5）移动办公：为审批人员提供手机终端等移动办公设备，避免因事出差等原因滞留审批文件，提高办事效率。

6）工作绩效统计：社区工作实现绩效评估、公示，对在职人员进行有效管理，通过数据的深度挖掘分析辅助决策。

5.2.2 综合执法

以网格化管理为主要思路，实现对社区医疗卫生与食品药品管理、工商行政管理、文化市场管理、国土资源管理等各类事件的信息采集上报、任务派遣、处置反馈、考核评价，实现社区管辖范围内的辅助综合执法，确保社区秩序稳定。

社区执法涉及医疗卫生与食品药品管理、工商行政管理、文化市场管理、国土资源管理的综合执法。其业务范围主要包括：

1）医疗卫生与食品药品管理：医疗机构管理、医药收费、非法行医、制售假冒伪劣食品药品、食品药品存在缺陷等质量问题。

2) 工商行政管理：消费者权益保护、不正当竞争、广告监管、商标侵权。

3) 文化市场管理：出版物市场监管、打黄扫非以及网吧管理。

4) 国土资源管理：侵占耕地、违法搭建、其他违反土地规划。

应用功能具体包括：

1) 执法办案：建立事件信息采集上报、任务派遣、处置反馈、考核评价体系，记录执法单位和执法人员行政执法全过程，包括对简易程序案件和一般程序案件的处置。

2) 文书管理：通过信息系统规范和帮助提升执法文书制作质量，实现档案管理、查询和统计。

3) 查询统计：应用数理统计与数据分析技术，将执法人员的日常业务数据进行自动挖掘、汇总、统计、分析，提供基于图形、报表等可视化结果展现，及时、全面地掌握和分析社区执法工作的现状和水平以及各部门、执法人员的日常工作情况。

4) 移动执法：利用移动互联网、GIS 及 GPS 等信息技术，以智能移动终端为载体，提供拍照、摄像、录音、GPS 定位、通知和任务接收、罚单打印及执法文书形成等功能，执法队员可在第一时间上报现场执法信息。

5.3 治安管控

5.3.1 社区警务-治安防控

以网格化管理为主要思路，引入视频监控和智能分析技术，实现社区管辖范围内的小区、人员密集繁华街区、大型公共场所、繁华商业场所、集贸市场、公寓写字楼、旧货市场、文化娱乐场所、公园景区、地下空间场所等重点部位信息的综合管理和现场的实时监控，创新立体化社会治安防控体系，严密防范和惩治各类违法犯罪活动。具体包括：

1）治安防控重点部件管理：对社区关键部位、人员密集繁华街区、大型公共场所、繁华商业场所、集贸市场、公寓写字楼、旧货市场、文化娱乐场所、公园景区、地下空间场所等重点部位信息的综合管理。

2）社会治安重点地区与问题管理：对存在黑恶势力、短期内发生过暴力犯罪、"两抢一盗"案件多发、存在"黄、赌、毒"现象、存在涉枪涉爆等隐患、淫秽色情窝点、赌博窝点、以及存在交通安全隐患、传销等事件的社会治安重点地区进行全方位监控。

3）应急指挥：建立面向社区居民和治安管理人员，以电话、网络等方式为主的治安问题反馈机制，与出入口门禁系统、道闸系统、消防报警等系统实现有效联动，通过应急指挥系统进行调度指挥，及时快速地处理问题。

4）集群调度：实现对社区治安力量的调度管理。

5.3.2 社区警务-警民互动

构建警民良性互动平台，公安部门利用各种信息传播途径及时向社区居民发布治安防范预警信息，结合居民和社区工作者对社情动态的采集、发布。补充公安社会动态信息来源，丰富公安情报线索，为案件侦破提供更多有价值线索。具体包括：

1）预警发布：公安部门利用掌握的最新犯罪动态资讯，结合季节、时段、社区特点等具体情况，借助智慧社区网站、微信、微博、有线电视、社区电子屏等传播手段，及时向社区居民发布社区治安防范预警信息和治安防范常识，结合有奖问答等激励活动，鼓励社区居民参与和关注，提升社区居民整体防范意识。

2）居民互动：在智慧社区网站、微信等传播媒体开通互动渠道，社区居民可将发生在自己身上或身边的案事件信息主动上报，并通过智慧社区与公安对接，及时将信息反馈公安处置。

3）社情共享：将社区工作者通过日常走访采集的各种社情动态，实现与公安部门的及时共享，补充公安部门基层情报线索来源。

5.3.3 调解矫正-重点人群管控

以网格化管理为主要思路，实现对刑教释满人、社区服刑人、吸毒重点人、精神病人、犯罪青少年和其他重点人等各类重点人群信息的全掌握和行动的全监控。具体包括：

1）刑释解教人员管控：对存在衔接不到位、未定期汇报思想状况、存在违法犯罪行为或者倾向、生活困难等情况的全方位掌握。

2）精神病重点人员管控：包括一般精神病人、正在肇事肇祸精神病人的管控。

3）吸毒重点人员管控：包括对一般吸毒人员、以贩养吸重点人员的管控。

5.3.4 调解矫正-矛盾调解

利用信息技术手段，在调解过程中记录、实时上报事件信息，整合各方资源，实现矛盾纠纷登记、分类受理、调解处理、回复归档的逐级流程管理，辅助社区调解员快速有效的化解社区矛盾纠纷。具体包括：

1）组织队伍管理：支持市、区县、社区、村等多级组织和人员的管理，支持对多级的行业调解组织和人员的管理。

2）矛盾调解流程实现：根据各地区实际情况，设计切实可行的矛盾调解流程，主要包括申请、受理、调查、调解、履行、回访、立卷等环节。

3）文书管理：对矛盾调解案件所涉及的所有文档进行管理，文档有 word 和图片等多种形式。

4）矛盾排查：对于全局性的矛盾纠纷进行排查调处，具体分为：排查任务下发，矛盾纠纷排查登记、上报，排查工作台帐，重大疑难案件预警等。

5）应急联动：在矛盾纠纷突发事件发生时，能与手持终端的相关人员互动，通过终端接收应急任务，即时响应，即时反馈，有效配合全局的调度和联动，有效处置突发事件。

6）调解信息库：由工作指南库、法律法规库、规章制度库、典型案例库、专家人员库、疑难问题库等组成。

7）业务培训：社区调解人员进行网上学习，培训课程、指导解疑及考核评价。

5.3.5 调解矫正-社区矫正

以网格化管理为主要思路，与检察、公安、司法行政三部门建立互通平台，对社区矫正帮扶对象日常表现实行动态监控，帮助社区矫正工作人员更有效地对社区服刑人员进行矫正教育及社会监管，实现社区矫正工作有序有效的开展。具体包括：

1）矫正人员交接社区流程：包括执行交付、对象接收、矫正终止等功能流程的实现。

2）矫正措施：针对不同类型的社区服刑人员，采取具体管理措施，实施矫正工作的功能流程，具体包括：监督管理、教育矫正、考核奖惩和就业帮困。

3）档案管理：对各社区服刑人员在整个矫正期内产生档案进行电子归档整理的功能流程。

4）核查核对：检察、公安、司法行政三部门对各自掌握的社区服刑人员动态数据随时进行核查核对的处理平台。

5）心理测试：社区服刑人员在入矫时，工作人员通过该功能对其进行心理测试，系统自动给出心理状况评价，为制定个性化矫正档案提供依据。

6）动态管理：利用手机定位技术对社区服刑人员的活动情况进行动态管理。主要实现：对社区服刑人员不假外出的监测，对社区服刑人员位置的实时查询，对社区服刑人员的活动范围和活动轨迹分析反馈。

5.4 基本公共服务

5.4.1 劳动就业

为社区居民提供就业培训和职业介绍，并做好失业人员信息更新、失业保险申领等服务。具体包括：

1）就业训练：组织就业训练、转业训练的教学实习，开展教学研究，编写教材和教学资料。

2）职业介绍：制定职业介绍服务规范和标准，汇总本地区劳动力供求信息，建立预测、预报制定，培训职业介绍工作人员并颁发资格证书。

3）失业保险：负责失业人员的登记、调查、统计，按照规定负责失业保险基金管理，核定失业保险待遇，开具失业人员指定银行领取失业保险金和其他补助金单证，拨付失业人员职业培训、职业介绍补贴费用，为失业人员提供免费咨询服务。

5.4.2 社区医疗

通过信息化手段为社区居民提供医疗咨询、自检诊断、送药上门等服务，构建居民健康档案，提升社区医疗水平。具体包括：

1）公共健康医疗服务平台：由卫生、民政、信息化等政府相关部门牵头和指导，组织企业以联盟方式参与，共同建设社区健康医疗服务平台，收集、存储、分析和挖掘社区居民健康信息，通过与专业健康医疗机构对接，以云服务的方式实现对社区居民远程和移动式健康医疗服务。

2）远程健康医疗：在社区、居委会设置健康自检体验设备，用于社区居民自助式的健康自检（包括血压、血氧、骨密度等多种指数），也可设立有专人服务的健康服务站（健康小屋），帮助居民进行健康检测，建立居民电子健康档案。检测数据通过网络与社区公共健康服务平台互联，对接专业健康医疗机构（包括社区医院、健康管理机构等），供家庭医生、健康管理师和门诊医生调阅参考，从而对慢性病人群进行跟踪和服务。

3）移动医疗：通过手机APP应用，实现居民与家庭医生、健康管理师的沟通。居民可通过APP进行诊疗档案、健康指标调阅，与家庭医生、健康管理师进行在线沟通，进行社区医院排队挂号，还可通过后台数据库进行心理和生理健康预检。

5.4.3 居家养老

通过信息化手段为老年人提供远程看护、上门服务、安全预警等居家养老服务，重点是面向居家养老模式提供信息服务，构建感知、服务、调度的三级服务体系，通过智能感知实现对老人信息的智能采集分析、也可通过服务呼叫终端触发服务请求，由调度中心调度社区服务机构向老人（尤其是独居老人）行动不便、走失、紧急求助等提供便捷通道，快速、畅通、安心的紧急求助服务，提升为老服务水平。具体包括：

1）志愿者服务：接通呼叫中心，根据老人的诉求来确定服务项目，显示老人的具体地理位置和家庭配偶子女、所属网格源、志愿者等属性，如一般服务可以安排网格内的志愿者服务；比如家庭送餐、购物等，同时监督实施，让老人足不出户的享受服务。

2）健康预警服务：通过老人随身携带、固定安装的物联感知设备随时检测老人生命体征情况，一旦出现异常，系统会即时收到预警信息并进行弹屏显示，以便社区工作人员及时和当事人子女取得联系，并立即通知当事人的亲属、社区服务人员或相关医疗机构，以提供及时的医疗救助。除物联感知设备外，服务人员与社区医院联动，定期为老人进行身体检查，建立完善的老年人健康档案。

3）失智失能老人实时看护：采用心电背心、带传感器的尿裤、定位呼叫手表等智能设备对失智失能老人进行24小时实时监护，提升该人群的生活品质。

4）居家煤气及用水报警：可采用卡式煤气报警器和用水报警器进行安全报警，并与服务后台联接，避免发生意外。

5）服务呼叫：老人可在电视等终端选择家政服务、订餐服务、购物服务等，实现足不出户定制服务。

6）安全监控：通过安装具备智能报警功能的民用视频监控设备，智能识别偷盗等行为，做到及时联动报警，保证老人生命财产安全。

7）精神慰藉：针对老人的亲友社交，子女可通过此项应用与老人进行实时的互动，老人则能随时了解家庭成员的近况；针对老人的兴趣圈，充分展示老人在各方面的才能和兴趣，使老人间开展友人互动，随时了解身边朋友的动态。

5.4.4 住房保障

将住房保障工作纳入社区综合信息服务平台，开展住房保障政策法规宣传，保障房申请、登记、初审、公示等服务，结合人口管理应用，实时掌握社区内低收入住房困难家庭的动态变化情况，为开展相关咨询、宣传和业务指导等工作提供支持。具体包括：

1）借助网站、微信、微博、社区电子屏等传播手段，提供住房保障政策法规的咨询和宣传；

2）结合人口等信息，准确掌握低收入住房困难家庭的动态变化情况，进一步简化低收入住房困难家庭申请材料的审查及公示流程。

5.4.5 计划生育

基于综合信息服务平台，掌握各类人口计生动态信息，为社区居民提供计划生育、优生优育和生殖健康等方面的宣传服务。具体包括：

1）为社区居民提供人口计生相关的各类民生法规、惠民政策、宣传教育、社会管理、公共服务等信息。

2）实时掌握社区居民及相关流动人口与计生相关情况的动

态变化，优化并简化计生业务办理流程。

3）为深入开展计划生育各类宣传教育活动提供技术支撑，更好地引导群众自觉实行计划生育。

5.4.6 文体教育

加强社区内文化智能体验和线上服务功能，为公众提供数字图书馆、多媒体文化馆、数字娱乐体验馆、数字科普馆等公共数字文化体育场馆及设施服务，利用移动互联网终端随时随地提供演出、展览和门票优惠等信息服务，在有条件的社区可建立数字娱乐体验馆，以青少年喜闻乐见的数字技术手段提供健康的休闲、文体服务。

5.5 法律宣传

5.5.1 法律服务

基于综合信息服务平台，整合律师、公证、法律援助工作者、基层法律工作者和法律服务志愿者等法律服务资源，开展社区法律服务工作，使社区居民不出社区就能享受到高效优质的法律服务。具体包括：

1）结合信息化与传统手段，向社区居民宣传、普及法律常识，增强社区居民法制观念，对社区干部进行法律知识的培训，提高社区干部依法决策、依法管理的能力和水平，为依法管理社区起到参谋和助手作用。

2）对社区干部进行法律知识的培训，提高社区干部依法决策、依法管理的能力和水平，不断提高社区法制化管理水平，促进基层民主法制建设。

5.5.2 科普宣传

搭建宣传平台，充分利用辖区资源开展科普活动，面向各类专题建立社区科普宣传教育模式，建设社区图书馆，为社区居民服务提供具有公益性、教育性、休闲性等特征的文献信息集散场所。具体包括：

1) 综合利用网络论坛、宣传橱窗、社区信息大屏等方式，开展低碳节能、绿色出行、科学节水、健康生活等类型专题宣传科普知识。

2) 与志愿者管理应用相结合，为社区科普宣传献计献策，开展科普活动，让社区居民积极参与到科普宣传中。

3) 充分发挥社区图书馆的功能，包括：培育社区文化、传递实用信息、开展社会教育、开发闲暇时间。

第6章　小区管理服务

6.1　房屋管理

6.1.1　产权服务

针对物业公司所属的一切房产信息进行集中管理。包括：详细描述记录小区、楼盘、住户单元的位置、物业类型、小区设施分布、房屋结构、房号、户型等信息，并可对小区、楼盘、房屋提供"实景图片、照片"的描述接口。

1) 新建成片小区在开发商交房阶段，集中收集业主身份证信息、家庭人口、身份证号码、联系方式等基础数据。

2) 老旧、不成片区域应通过产权登记部门获取上述相关信息。

3) 在掌握基本情况的基础上，发动本社区房屋中介机构协助业主办理转让、抵押、租赁、装修等各类服务。

6.1.2 租赁服务

基于综合信息服务平台，为社区业主与居民打造租赁信息发布与互动平台，此外，物业公司及房产租赁中介部门通过对所管房屋的使用状态进行动态管理，实时掌握本社区房屋租赁情况，为租赁双方提供服务。具体包括：

1）为社区业主与居民打造租赁信息发布与互动平台。

2）对出租房屋的承租人姓名、性别、年龄、族别、户口所在地、职业按相关要求进行管理。

3）提供出租房屋的水电气、物业缴费服务。

4）提供租赁到期续租或退租服务。

5）对租赁期间承租人的计生情况进行管理。

6.1.3 公共维修基金使用服务

为业主提供房产公共部位损坏维修、及基金的支取服务，简化公共维修基金申请与支取复杂程度，和睦邻里关系，规范维修过程。具体包括：

1）提供公共维修基金查询服务。

2）宣传与贯彻公共维修基金支取规则。

3）协调邻里关系，协助办理公共维修基金支取申请。

4）协调维修工程的安全管理、验收等各方面工作。

6.2 物业管理

6.2.1 民情互动

通过在社区部署多媒体触控大屏，与社区的其他应用系统紧密融合，各应用系统的信息和管理服务内容可通过触摸屏进行展现与互动，为社区居民带来全新的体验，实现信息的推送和居民的交互应用。具体包括：

1）政务信息：政府机构推送各类服务信息，政务公开信息，政策法规信息、监督机制信息等。

2）服务类信息：推送的各类家政服务信息、医疗等信息。

3）招商信息：政府招商信息，社会招商广告信息等等。

4）网上互动：居民和政务办公互动，网上平台处理各种事务。

5）社区引导信息：发布社区内各种便民信息，如附近餐饮、娱乐消费等信息。

6）监督公开信息：服务类机构评价信息等。

6.2.2 安防消防

严格社区小区出入门禁管理，规范住户门禁卡实名办理，访客实名登记，小区门禁出入视频监控、人脸识别、公安联网比对等安防措施，建立城市建筑消防安全数字化系统，把每个建筑物的消防系统联成网络，实现网络化的监控管理。具体包括：

1）住户门禁卡实名办理：采用RFID、指纹、人脸等识别技术，为社区小区所有住户办理实名门禁卡，通过办理过程，一方面为住户建立小区出入的通行证，另一方面也为掌握小区实住人口提供新的渠道。

2）访客实名登记联网比对：为小区大门配备访客实名登记系统，所有访客进入需要办理实名登记手续，说明拜访对象，可进行联系确认。访客实名信息与公安机关实时联网核实比对，发现异常状况及时报警。

3）门禁联动控制：住户和访客进入小区大门都需要借助有效身份识别手段（RFID、指纹、人脸等）方能进入小区，并且通过与楼栋门禁联动控制,限定其可进入的楼栋。加强社区安全。

4)安居管理:为实现居民生活智慧化,在居民楼、商务楼宇安装烟雾火灾报警设备,能识别火灾并与消防系统联动,安装燃气报警设备,引导楼宇、宾馆、老旧小区和居民家庭应用物联网技术,自动探测有毒有害气体浓度,逐步实现对毒气、火灾、爆炸等事故的预警。

6.2.3 便民快递

由物业公司或物流企业等社会组织在小区设置专门场所,共同签订末端物流联盟合作协议,为居民统一收发快件,在有条件的小区可对末端物流签收全过程进行高清视频监控录像取证,以备查证,防止纠纷产生,以解决社区居民快递的种种不方便和快递公司最后送达问题。具体包括:

1)依据就近原则在社区设立专门场所,统一收集居民拟发的快件,由各快递公司集中收取。

2)统一接收不需要面签的快件,由居民在自己方便的时间随时收取,避免快递到家,家里没人的问题。

6.2.4 智能停车

智能停车场以 RFID、视频监控、IC 卡为载体,通过智能设备使感应卡记录车辆及持卡人进出的相关信息,从而实现实现对社区车辆停车的引导,实现停车场的管理,通过智能停车能提供车位管理、停车引导和反向找车等功能,提升社区停车的智能化管理。具体包括:

1)提供车辆出入管理、计费管理,可支持不停车进出,在车辆进出社区停车时进行信息比对,防止车辆被盗。

2）车辆社区出入口统计：通过车牌抓拍主机，前端分析车牌信息，实时记录车辆进出情况，把控车辆安全和杜绝一卡多车现象发生。

3）车辆诱导：通过车位检测器（前端车牌识别）实时检测社区停车场车位信息，以便对车辆进行停车诱导。

4）反向寻车：对于社区大型的公共停车场，为了便于临时停车车主能快速方便的找到自己的车，可以增加通过车牌号或者停车卡，来对车辆停放位置进行反向快速查询的功能。

5）车位闲时出租：在业主的车辆驶离专属于自己车位的时间段，外来车辆以缴纳停车费的方式取得该车位的临时使用权。通过技术手段实现闲时车位的信息发布，停车费在线支付，并与车位所属业主建立公平合理的补偿回报机制，通过手机等移动终端设备APP进行出入和停车位的身份验证，以提高车位利用效率，解决停车难的问题。

6.2.5 环境卫生

开展社区绿化美化和义务植树活动，倡导低碳生活方式，推行绿色消费理念，开展社区垃圾分类，对垃圾量和排污进行动态监控，促进垃圾资源化利用，有效提高环境质量和物业管理效率。具体包括：

1）园林、绿化景观建设工程：主要包括建设社区公园、社区集中绿地、广场、社区集中活动（户外）场所等，开展社区绿化美化和义务植树活动，达到改善社区环境，倡导绿色低碳生活方式。

2）对垃圾量进行监测：利用无线射频技术，记录社区各大垃圾桶垃圾量（重量和体积），一旦超标给予报警，以便物业管理人员及时作出应对。

3）垃圾中转站及垃圾处理站液体和气体排放监测，超标给予报警提示，以便物业管理人员及时作出应对。

第7章　便民服务

7.1　生活服务

7.1.1　便民利民网点

建立基于互联网的在线超市、在线便利店或标准化菜场的销售平台，为社区居民提供物美价廉、种类丰富的日常商品批发、零售服务，同时配合物流末端配送体系实现真正的快捷送货上门。主要提供网上购物、订单查询、在线支付、商品便捷搜索、商品评价、在线客服等服务。

7.1.2　家政服务

面向居民居家模式，建立家政服务平台，通过整合社会专业机构、社区机构、非盈利组织、家政服务公司和专业家政服务人员等资源，为市民提供包括保姆、护理、保洁、家庭管理等家庭生活服务，实现服务提供方和服务需求方的对接。具体包括：

1）多样化的业务服务：整合优质的商家及企业向社区居民提供优质服务。包括职业保姆、家政服务、涉外保姆、高级管家、育婴早教、钟点服务、幼教保育、家教外教、水电维修、管道疏通、清洁清洗、搬家服务等多种类型。

2）统一的管理后台：为整合的商家及企业提供了统一的管理后台，可以管理自己提供的服务以及工作人员的管理。

3）统一管理机制：建立科学的考核和奖惩机制。

4）可视化的服务流程：对居民在平台上定制的服务需求，记录流程。

7.1.3 绿色出行

基于社区综合信息服务门户开拓绿色出行板块，倡导绿色出行，提供拼车出行服务和公共自行车租赁等服务，为社区居民出行提供便利以及实时的交通状况。具体包括：

1）在社区综合信息服务门户上，增加倡导宣传板块，倡导社区居民多乘坐公共汽车、地铁等公共交通工具，多采用合作乘车、环保驾车或者步行、骑自行车等方式，促进"绿色出行，节能减排"的概念深入人心。

2）在社区综合信息服务平台设置拼车出行服务，并能通过身份认证、信息登记等保障拼车行为的安全性。

3）提高公共自行车租赁网点覆盖，并支持"一卡通"消费，支持网上预约、续借、归还等服务。

7.1.4 餐饮服务

通过信息化手段提升社区就餐便捷度，包括社区食堂、健康早餐、送餐等热线和网上订餐相结合的综合服务。具体包括：

1）提供社区食堂、健康早餐、送餐等日常餐饮服务。

2）提供热线和网上订餐相结合的订餐服务。

3）保障食品安全，建立起完善的食品安全第三方监管体制。

7.1.5 社区互动

通过实体网点或综合信息服务平台建立跳蚤市场，实现物品交换、回收利用等服务，以提高闲置物品使用率、减少资源浪费，拉近社区业主距离，共同关注低碳环保的社区生活理念。具体包括：

1）在社区综合信息服务门户开拓互通有无模块，为社区居民提供开放性平台；

2）鼓励通过线下交易保障交易安全；

3）定期开展社区互通有无类型的活动，搭建平台促进更多的社区居民参与。

7.2 金融服务

7.2.1 一卡通服务

通过一卡通实现社区消费和身份识别等功能，在提高社区居民生活便捷性的同时，其身份识别功能也是社区安防系统的重要组成部分。具体包括：

1）身份识别功能：住户身份识别、出入门禁、车辆停车、社区图书借阅等功能。

2）消费功能：社区一卡通和银行对接，提供对消费功能的支持，包括社区消费结算、水电气现场缴纳等。

3）普通银行储蓄卡的全部功能。

4）银联卡的联网消费功能。

7.2.2 便民缴费

建立电视、社区服务站等便民缴费平台，用户可以通过缴费平台完成各种水电煤缴费，交通违章查询及缴费，手机和网游充值，飞机票查询等需求。具体包括：

1）通讯服务类：宽带、话费充值卡以及手机号卡。

2）出行服务类：机票预订。

3) 游戏娱乐类：网游直充、点卡、Q币等。

4) 医疗服务类：医疗挂号。

5) 金融服务类：信用卡还款。

6) 生活缴费类：水电煤气、供暖、一卡通、有线电视、交通罚款等费用。

7) 彩票服务类：彩票服务。

8) 旅游服务类：酒店预订、打折票务、旅游线路等。

7.2.3 社区银行

社区银行的目标客户群是小企业和社区居民等中小客户，本应用是指利用信息化手段，开展社区金融服务，打通社区端银行业务受理及简易办理，并为小企业和居民提供"一站式"金融服务方案。具体包括：

1) 社区银行的业务受理范围涉及个人和小企业的简易金融业务及各类消费金融业务。

2) 社区银行整合办公场所，实现跨行合作，并为社区居民提供一定程度的特惠服务。

第8章　主题社区

8.1　共性支撑

8.1.1　免费网络

在主题社区范围内向用户提供免费的WIFI网络，支撑用户手机免费上网。

8.1.2　下载及注册服务

基于WIFI网络，主题社区向用户提供基础性的用户注册和

APP 应用下载功能。

8.1.3 结算服务

基于网银或社区便民一卡通等模式提供统一结算服务。

8.2 建设运行保障

8.2.1 模式保障

制定科学合理的主题社区的建设运营模式，积极发挥社会力量，需明确建设运营主体、科学合理的建设运营模式和方案，并对投资回报进行测算，支撑主题社区的可持续运营及发展。

8.2.2 标准规范

针对主题社区提供的各项应用制定数据、应用服务等方面的标准，指导和规范主题社区建设运营。

8.3 典型应用

8.3.1 商业社区

在城市各类商业区域内，特别对于集购物、餐饮、娱乐为一体的商业综合体，基于免费 WIFI 网络，使商业社区内的师生免费进行上网，并通过各类信息资源的汇集和挖掘，为顾客提供预约、查询、消费、导引、提醒以及精准推送等类型的服务，方便、快捷地满足顾客的各类需求，通过广告、结算、停车场分成等方式实现多元化盈利，确保可持续运营。具体包括：

1) 预约类服务：提供如订票购票、订房结账、周边餐饮订餐、选位等预订预约服务；

2) 消费类服务：提供门户及索引、优惠打折活动、团购、电子券、节庆活动拼单以及其他方式等消费类信息的推送及查询服务；

3）导引类服务：提供场地分布图、导购图、停车导航等导引类服务；

4）提醒类服务：提供各类打折信息定制提醒等服务。

8.3.2 学校社区

在各类高校、职业学校、高初中等校园区域内，结合已有的校园无线网构建免费 WIFI 网络，使学校社区内的师生免费上网，另一方面通过各种信息资源的汇集和挖掘，为师生提供预约、消费、导引、发布、提醒和业务等类型的服务，方便、快捷地满足师生在学习、生活中的各类需要通过广告、结算、停车场分成等方式实现盈利，确保可持续运营。具体包括：

1）预约类服务：提供如选位、借书、点餐、快递等方面的预订预约服务；

2）消费类服务：提供周边与师生生活息息相关商户的优惠打折活动、团购等消费类信息的推送及查询服务；

3）导引类服务：提供场地分布图及智能停车导航、校园介绍等导引类服务；

4）发布类服务：提供团体活动、各类通知、勤工俭学、实习、志愿者、家教、拼车出行、跳蚤市场等信息发布兼论坛类型的服务；

5）提醒类服务：提供各类通知、活动、报告、讲座、车次等相关事项的定制提醒；

6）业务类服务：提供各类信息资料、报刊杂志等业务类推送服务。

8.3.3 医院社区

在各类大中型医院区域，基于免费 WIFI 网络，使来医院社区看病的患者及家属免费进行上网、网上挂号付费等，另一方面通过各种信息资源的汇集和挖掘，为患者及家属提供预约、导引、发布、提醒和业务等类型的服务，方便、快捷地满足患者在看病过程中的各类需要，通过广告、结算、停车场分成等方式实现盈利，确保可持续运营。具体包括：

1）预约类服务：提供如挂号、床位、点餐等方面的预订预约服务；

2）导引类服务：提供场地分布图及导医图、停车导航等导引类服务；

3）发布类服务：提供各类通知、以及医生出诊等信息发布服务；

4）提醒类服务：提供各类相关检查报告、叫号等提醒服务，方便患者及家属及时领取；

5）业务类服务：提供电子病历及处方、检查报告等业务信息的推送服务。

8.3.4 交通社区

在火车站、汽车站、机场、公交站台、公交车及长途汽车范围内，基于免费 WIFI 网络，使来乘车及候车的乘客及送客人员免费进行上网、网上订票等，另一方面通过各种信息资源的汇集和挖掘，为乘客提供预约、消费、导引、发布和提醒等类型的服务，方便、快捷地满足乘客在乘车及候车过程中的各类需要，通过广告、结算、停车场分成等方式实现盈利，确保可持续运营。具体包括：

1）预约类服务：提供如订票购票、周边餐饮订餐、选位等方面的预订预约服务；

2）消费类服务：提供周边与旅客相关商户的优惠打折活动等消费类信息的推送及查询服务；

3）导引类服务：提供车次实时信息及路径规划、交通及换乘实时信息、场地分布图及停车导航等导引类服务；

4）发布类服务：提供各类通知、列车时刻表、晚点信息、拼车等信息发布兼论坛类型的服务；

5）提醒类服务：提供车次等相关事项的定制提醒服务。

8.3.5 旅游社区

在各大旅游景区范围内，基于免费 WIFI 网络，使来到旅游景区的游客免费进行上网、网上订票及导游等功能，另一方面通过各类信息资源的汇集和挖掘，为游客提供预约、导引、发布、提醒等类型的服务，包括景区最新最全的实时数据、景区大比例尺和高分辨率的电子地图以提供高精度的实时定位功能，还包括周边景区门票、交通、宾馆酒店、特产商品等相关信息，方便、快捷地满足游客在游览观光过程中的各类需要，通过广告、结算、宾馆酒店、停车场分成等方式实现盈利，确保可持续运营。具体包括：

1）预约类服务：提供如订票购票、周边餐饮订餐、住宿预订等方面的预订预约服务；

2）导引类服务：提供场地分布图及智能导游、景点介绍、交通和车次实时信息及路径规划、停车导航等导引类服务；

3）发布类服务：提供其它相关旅游景区的介绍、团体活动、拼车等信息发布兼论坛类型的服务；

4）提醒类服务：提供各类活动、车次等相关事项的定制提醒服务。

第9章 建设运营模式

智慧社区的建设运营要以深入需求分析的基础上，了解各方对智慧社区建设运营的需求，进行统筹规划顶层设计，建立合理的系统架构和部署方式，同时要明确建设运营模式及投融资方案。智慧社区的运营可不断拓展服务领域，为政府、企业和社会公众提供智慧社区产品和服务，推动智慧社区的健康可持续发展。因此，探索一套科学合理的智慧社区建设运营模式，将有助于快速实现智慧社区的建设目标。

智慧社区运营模式主要有"政府运营"、"企业运营"和"政府引导，市场运营"三种。

1）"政府运营"是由政府组织，全程监管，优化和综合各种应用，形成产业的整体发展合力。企业负责整体规划、运营安全保障、服务过程保障、服务拓展以及需求搜集等工作。这种方式最大的特点就是涉及面很广，涉及到了社会治理和服务的方方面面，并且进行了完整的项目建设规划，有明确的项目和时间表，整个项目的建设是以政府为主导，市场运营为辅进行高效的建设。通过政府运营，解决社会治理与基本公共服务问题。在政府的统一规划下，制定区域智慧社区建设标准规范与评价指标体系，统筹区域内智慧社区建设；建设社区治理与服务平台，实现区域内人、地、物、事、组织的信息资源统一管理，统一更新，为智慧社区平台提供统一的信息资源支撑。

建设社区政务类应用,通过电子政务服务的整合共享,让居民在社区享受到"一站式、互动式、高效率"的在线办事服务。构建社区基础公共服务平台,为社区居民提供社区环境、医疗、交通、治安基础公共服务。

但在现代市场经济条件下,政府不再是公共产品与公共服务的单一提供者,服务型政府条件下须将一部分公共服务提供等方面的职能剥离给社会服务组织和企业来承担,但政府仍须保持对社会服务组织和企业的宏观管理和有效监督,以保障服务质量。因此除必须需要由政府运营的服务外,其它服务采用引入市场机制,充分发挥市场的资源配置的作用,形成优胜劣汰机制。在这些服务中,政府不介入具体的服务提供,而是作为服务监管者,对服务水平与服务效果进行监督评价,并对违规者进行惩戒,扮演好调节者的职能。整个体系采取谁受益,谁付费补偿,维系其服务的持续提供与改进。

2)"企业运营"即项目的建设投资、投资的所有权、经营权都归企业所有。其最大的特点是以运营商为主导来推动政府进行项目建设。这种运营方式能建设项目的智能管道和智能平台,其缺点就是由于受限运营商的业务范围,存在某些运营商业务无法覆盖的领域。

3)"政府引导,市场运营"即政府牵头运营商建设,运营商参与基础设施建设,向社会提供公共服务的一种方式。一般称其为"特许经营权",是指政府部门就某个基础设施项目与运营商签订特许权协议,授予签约方运营商来承担该项目的投融资、建设、经营与维护,在协议规定的特许期限内,运营商企业向设施使用者收取适当的费用,由此来回收项目的各项经营成本并获取合理的回报；政府部门则拥有对这一基础设施的监督权、调控权。特许期届满，签约方运营商将该基础设施无偿或有偿移交给政府部门。

纵观三种模式，"政府运营"模式由政府负责投资，提供公益性服务，存在政府财政压力重、持续发展动力不足等问题。"企业投资运营"模式存在缺乏统一规划和协调、无公信力、竞争无序等问题，不利于智慧社区产业持续、良性发展。而"政府引导，市场运营"模式则能取长补短，充分发挥市场经济环境下的良性竞争对服务水平的提升作用，同时兼顾政府统筹。因此，在智慧社区各项专项应用的建设运营中，除社区治理与公共服务和智慧社区综合信息服务平台等领域的应用考虑以政府的管理服务为主外，应尽最大可能地采用"政府引导，市场运营"模式，包括基础设施与建筑环境、小区管理服务、便民服务和主题社区等领域的绝大部分应用，都应以市场为主，让市场来配置社区资源。

第 10 章 保障体系建设

10.1 创新模式

10.1.1 网格化管理

网格化管理是城市现代精细化管理的基本方式和重要手段，是深化社区服务管理的载体和工具，也是社会管理创新不断深化和积极探索的重要成果。创新网格化社会管理新模式，就是把网格化管理理念运用到社会管理工作中来，在社区网格化管理的基础上搭载社会管理内容，整合基层社会管理资源，运用现代信息技术手段，形成及时发现并有效解决问题的长效运行机制，促使政府部门和其他社会管理力量下沉，按照责任制的原则组织起来，实现资源整合，从而有效解决社会管理问题。

10.1.2 统一便民服务热线

便民热线系统通过全市统一的呼叫中心、便民知识库、行政咨询库、社区治理协作平台建设，通过整合各类行政数据和对公众服务类应用，为社区向市民服务提供信息沟通、数据共享、相互协作等工作的现代化智能平台。系统以语音或网络通信的方式向市民提供全方位、全天候、高效率的服务，只要市民拨打一个电话，便能得到平台提供的社区治理、小区管理、生活和便民服务。

10.2 保障措施

智慧社区建设是一项"政府引导，市场主导，全社会共同参与"的惠民工程。国家智慧城市试点城市（区、县、镇）党委政府要高度重视，在智慧社区项目建设中要充分发挥引导作用，成立组织机构，落实政策保障和目标责任，探索建立多元投资机制，创新项目管理模式，建立绩效考核评估体系，加强人才队伍建设，加大宣传推广力度，吸引全社会力量参与智慧社区的建设、管理、运营、服务和监督。

1）加强组织领导，促进协同推进。建立健全智慧社区建设协调机制，形成以住房城乡建设部门、民政部门、信息化部门、公安部门等牵头的推进组织，负责制定分工明确，权责明晰的智慧社区工作方案，协同推进项目整体设计、立项招标、建设施工和监督考核等工作，为智慧社区建设提供组织保障。

2）制定政策法规，营造标准化建设环境。研究制订智慧社区工作规则、建设管理办法、信息交换共享标准规范、准入制度、测评体系等方面的法规制度，形成完善的智慧社区建设政策法规体系。

3）政府投入为引导，探索多元投入机制。以政府财政投入社区政务服务等领域建设为引导，充分发挥市场的决定性作用，鼓励和支持通信运营商、软硬件提供商和应用服务提供商参与投入智慧社区基础设施、小区管理、便民服务等领域的建设运营，形成政府引导、多元投入的资金筹措机制。

4）建立多层次人才队伍，提高建设质量。加强社区居委会、网格化管理员、社区志愿者等的职业化、标准化培训，建立一支懂业务、懂技术的社区服务人才队伍，组建专家团队对智慧社区建设内容、理论体系、标准规范、考核评估等全过程建设精准把脉，为智慧社区建设提供多层次、规模化人才队伍。

5）及时掌握建设动态，创新项目管理模式。定期开展信息报送和监督检查，及时把握建设动态，对智慧社区建设进度、存在的问题和运营风险等方面及时纠偏；结合智慧社区建设特点和定位创新项目管理制度，鼓励引入专业第三方机构，推进项目实施的科学性、管理的严格性和运营的有效性，形成长效的项目管理模式。

6）建立验收评估奖惩机制。制定验收评估办法，建立以居民满意度为导向的社会服务企业和商家考评机制，对商家所提供的服务进行质量跟踪；对智慧社区建设有突出贡献的单位或个人给予奖励，形成一套程序规范、严格、公正的考评体系。

7）试点先行先试，逐步推广实施。选取基础条件较好，优势突出的社区，以社区居民需求为出发点和落脚点，优先开展智慧社区重点项目建设。通过总结试点社区建设经验,因地制宜,重点突破,全面推广智慧社区建设。

8)加大宣传推广力度,调动全社会参与积极性。建立多渠道、灵活的宣传推广体系,提高社区居民对智慧社区建设认知度、参与度,加强服务提供者对智慧社区建设的责任感和使命感,形成全社会积极参与的智慧社区发展环境。

附 录

主编单位:住房城乡建设部建筑节能与科技司

中国城市科学研究会数字城市工程研究中心

参编单位:国家智慧城市产业技术创新战略联盟

国家智慧城市产业技术创新战略联盟智慧社区分联盟

深圳市建筑科学研究院

北京市建筑工程研究院

中国电信政务行业信息化应用(杭州)基地

扬州市住房保障和房产管理局

中兴通讯股份有限公司

软通动力信息技术(集团)有限公司

北京数字政通科技股份有限公司

北京三正科技有限公司

上海宽带技术及应用工程研究中心

浙江大华技术股份有限公司

北京东方道迩信息技术股份有限公司

东蓝数码股份有限公司

武汉天罡信息技术有限公司

北京华录北方电子有限责任公司

杭州怡华物业公司

山东泰华电讯有限责任公司

主要起草人：杨柳忠、于晨龙、杨德海、宋林蕊、曹巍、张华、葛官法、张晨、蒋光建、牛彦涛、聂昕、鄢涛、刘凤宝、吴江寿、许文平、尹峰、林庆彬、王慧琨、吴庆九、郝小龙、陈卫中、彭启伟、张祥、朱伟平、张永亮、纪晓明、迟树亮、胡明舒、周开锐、丁连军

主要审核人：郭理桥、丁有良、叶坚定、杨崇俊、万碧玉、曾澜、王丹、刘俊跃

城乡社区最新政策

关于深入推进农村社区建设试点工作的指导意见

（摘自中央政府门户网站）

新华社北京 2015 年 5 月 31 日电 近日，中共中央办公厅、国务院办公厅印发了《关于深入推进农村社区建设试点工作的指导意见》，并发出通知，要求各地区各部门结合实际认真贯彻执行。

《关于深入推进农村社区建设试点工作的指导意见》全文如下。

为贯彻落实党的十八大和十八届三中、四中全会精神，创新农村基层社会治理，提升农村公共服务水平，促进城乡一体化建设，现就深入推进农村社区建设试点工作提出如下指导意见。

一、充分认识深化农村社区建设试点的重要意义

农村社区是农村社会服务管理的基本单元。随着中国特色新型工业化、信息化、城镇化、农业现代化进程加快，我国农村社会正在发生深刻变化，农村基层社会治理面临许多新情况新问题：农村人口结构加剧变化，部分地区非户籍居民大幅增加，非户籍居民的社会融入问题凸显，部分地区存在村庄空心化现象，农村"三留守"群体持续扩大；农村利益主体日趋多元，农村居民服务需求更加多样，农村社会事业发展明显滞后，社会管理和公共服务能力难以适应；村民自治机制和法律制度仍需进一步完善等。加强农村社区建设，有利于推动户籍居民和非户籍居民和谐相处，有利于促进政府行政管理、公共服务与农村居民自我管理、自我服务更好地衔接互动，有利于增强农村社区自治和服务功能，为农民幸福安康、农业可持续发展、农村和谐稳定奠定坚实基础。

中央高度重视农村基层社会管理和服务工作，对推进农村社区建设提出明确要求。农村社区建设要在党和政府的领导下，在行政村范围内，依靠全体居民，整合各类资源，强化社区自治和服务功能，促进农村社区经济、政治、文化、社会、生态全面协调可持续发展，不断提升农村居民生活质量和文明素养，努力构建新型乡村治理体制机制。近年来，各地区各有关部门认真贯彻中央决策部署，组织开展农村社区建设试点工作，取得了一定成效。实践证明，农村社区建设是社会主义新农村建设的重要内容，是推进新型城镇化的配套工程，是夯实党的执政基础、巩固基层政权的重要举措。各地区各有关部门要主动适应农村经济社会发展新要求、顺应农民群众过上更加美好生

活的新期待,增强做好农村社区建设工作的责任感和紧迫感,深入推进试点工作。

二、总体要求

(一)工作目标

以邓小平理论、"三个代表"重要思想、科学发展观为指导,深入贯彻习近平总书记系列重要讲话精神,以全面提高农村居民生活质量和文明素养为根本,完善村民自治与多元主体参与有机结合的农村社区共建共享机制,健全村民自我服务与政府公共服务、社会公益服务有效衔接的农村基层综合服务管理平台,形成乡土文化和现代文明融合发展的文化纽带,构建生态功能与生产生活功能协调发展的人居环境,打造一批管理有序、服务完善、文明祥和的农村社区建设示范点,为全面推进农村社区建设、统筹城乡发展探索路径、积累经验。

(二)基本原则

——以人为本、完善自治。坚持和完善村党组织领导的充满活力的村民自治制度,尊重农村居民的主体地位,切实维护好保障好农村居民的民主政治权利、合法经济利益和社会生活权益,让农村居民从农村社区建设中得到更多实惠。

——党政主导、社会协同。落实党委和政府的组织领导、统筹协调、规划建设、政策引导、资源投入等职责,发挥农村基层党组织核心作用和自治组织基础作用,调动农村集体经济组织、农民合作经济组织、农村群团组织和社会组织等各类主体的积极性、主动性和创造性。

——城乡衔接、突出特色。加强农村社区建设与新型城镇化建设的配套衔接,强化农村社区建设对新农村建设的有效支撑，既注意以城带乡、以乡促城、优势互补、共同提高，又重视乡土味道、体现农村特点、保留乡村风貌。

——科学谋划、分类施策。把握农村经济社会发展规律，做好农村社区建设的顶层设计和整体谋划，提高试点工作的科学性、前瞻性和可行性、有效性。加强分类指导，统筹考虑各地农村社区的经济发展条件、人口状况及变动趋势、自然地理状况、历史文化传统等因素，合理确定试点目标和工作重点，因地制宜开展试点探索。

——改革创新、依法治理。坚持和发展农村社会治理有效方式，发挥农村居民首创精神，积极推进农村基层社会治理的理论创新、实践创新和制度创新。深化农村基层组织依法治理，发挥村规民约积极作用，推进农村社区治理法治化、规范化。

三、工作任务

（一）完善在村党组织领导下、以村民自治为基础的农村社区治理机制。农村社区建设坚持村党组织领导、村民委员会牵头，以村民自治为根本途径和有效手段，发动农村居民参与，同时不改变村民自治机制，不增加农村基层管理层级。推进农村基层服务型党组织建设，增强乡镇、村党组织服务功能。以农村基层党组织建设带动农村自治组织、群众组织、经济社会服务组织建设，健全完善农村基层党组织引领农村社区建设的领导机制和工作机制。依法确定乡镇政府与村民委员会的权责边界，促进基层政府与基层群众自治组织有效衔接、良性互动。认真贯彻实施村民委员会组织法，加强村民委员会和村务监督机构建设，完善农村社区建设重大问题的民主决策、民主监督制度。依托村民会议、村民代表会议等载体，广泛开展形式多样的农村社区协商，探索村民议事会、村民理事会等协商形式，探索村民小组协商和管理的有效方式，逐步实现基层协商经常化、规范化、制度化。

（二）促进流动人口有效参与农村社区服务管理。依法保障符合条件的非本村户籍居民参加村民委员会选举和享有农村社区基本公共服务的权利。吸纳非户籍居民参与农村社区公共事务和公益事业的协商，建立户籍居民和非户籍居民共同参与的农村社区协调议事机制。在保障农村集体经济组织成员合法权益的前提下，探索通过分担筹资筹劳、投资集体经济等方式，引导非户籍居民更广泛地参与民主决策。健全利益相关方参与决策机制，采取会议表决、代表议事、远程咨询等决策方式，维护外出务工居民在户籍所在地农村社区的权利。健全农村"三留守"人员关爱服务体系，重点发展学前教育和养老服务，培育青年志愿组织和妇女互助组织，建立农村社区"三留守"人员动态信息库，扩大呼叫终端、远程监控等信息技术应用，切实提高对农村留守儿童、留守妇女、留守老人的服务能力和服务水平。

（三）畅通多元主体参与农村社区建设渠道。建立县级以上机关党员、干部到农村社区挂职任职、驻点包户制度。建立和完善党代表、人大代表、政协委员联系农村居民、支持农村社区发展机制。鼓励驻村机关、团体、部队、企事业单位支持、参与农村社区建设。拓宽外出发展人员和退休回乡人员参与农村社区建设渠道。依法确定村民委员会和农村集体经济组织以及各类经营主体的关系，保障农村集体经济组织独立开展经济活动的自主权，增强村集体经济组织支持农村社区建设的能力。

推动发展新型农村合作金融组织、新型农民合作经济组织和社会组织，通过购买服务、直接资助、以奖代补、公益创投等方式，支持社区社会组织参与社区公共事务和公益事业，支持专业化社会服务组织到农村社区开展服务。

（四）推进农村社区法治建设。加强农村社区司法行政工作室等法治机构建设，指导农村社区开展各项法治工作，探索整合农村社区层面法治力量，加强农村社区法律援助工作，推动法治工作网络、机制和人员向农村社区延伸，推进覆盖农村居民的公共法律服务体系建设。完善人民调解、行政调解、司法调解联动工作体系，建立调处化解农村矛盾纠纷综合机制，及时了解掌握和回应不同利益主体的关切和诉求，有效预防和就地化解矛盾纠纷。建立健全农村社区公共安全体系，创新农村立体化社会治安防控体系，加强和创新农村社区平安建设，建立覆盖农村全部实有人口的动态管理机制，做好社区禁毒和特殊人群帮教工作。加强农村社区警务、警务辅助力量和群防群治队伍建设，对符合任职年限条件的农村警务室民警落实职级待遇。加强农村社区普法宣传教育，提高基层党员、干部法治思维和依法办事能力，引导农村居民依法反映诉求、解决矛盾纠纷。指导完善村民自治章程和村规民约，支持农村居民自我约束和自我管理，提高农村社区治理法治化水平。

（五）提升农村社区公共服务供给水平。健全农村社区服务设施和服务体系，整合利用村级组织活动场所、文化室、卫生室、计划生育服务室、农民体育健身工程等现有场地、设施和资源，推进农村基层综合性公共服务设施建设，提升农村基层公共服务信息化水平，逐步构建县（市、区）、乡（镇）、村三级联动互补的基本公共服务网络。积极推动基本公共服务项目向农村社区延伸，探索建立公共服务事项全程委托代理机制，促进城乡基本公共服务均等化。加强农村社区教育，鼓励各级各类学校教育资源向周边农村居民开放，用好县级职教中心、乡（镇）成人文化技术学校和农村社区教育教学点。改善农村社区医疗卫生条件，加大对乡（镇）、村卫生和计划生育服务机构设施改造、设备更新、人员培训等方面的支持力度。做好农村社区扶贫、社会救助、社会福利和优抚安置服务，推进农村社区养老、助残服务，组织引导农村居民积极参加城乡居民养老保险，全面实施城乡居民大病保险制度和"救急难"工作试点。

（六）推动农村社区公益性服务、市场化服务创新发展。广泛动员党政机关、企事业单位、各类社会组织和居民群众参加农村社区志愿服务，切实发挥党员先锋模范作用。完善农村社区志愿服务站点布局，搭建社区志愿者、服务对象和服务项目对接平台，开展丰富多彩的社区志愿互助活动。根据农村社区发展特点和居民需求，分类推进社会工作服务，发挥社会工作专业人才引领社区志愿者服务作用。鼓励企业和供销合作社完善农村社区商业网点和物流布局，引导经营性服务组织在农村社区开展连锁经营，采取购买服务等方式，支持社会力量在农村兴办养老助残、扶贫济困等各类社会事业。

（七）强化农村社区文化认同。以培育和践行社会主义核心价值观为根本，发展各具特色的农村社区文化，丰富农村居民文化生活，增强农村居民的归属感和认同感。深入开展和谐社区等精神文明创建活动，树立良好家风，弘扬公序良俗，创新和发展乡贤文化，形成健康向上、开放包容、创新进取的社会风尚。健全农村社区现代公共文化服务体系，整合宣传文化、党员教育、科学普及、体育健身等服务功能，形成综合性文化服务中心，开辟群众文体活动广场，增强农村文化惠民工程实效。引导城市文化机构、团体到农村社区拓展服务，支持农民兴办演出团体和其他文化团体。发现和培养乡土文化能人、民族民间文化传承人等各类文化人才，广泛开展具有浓郁乡土气息的农村社区文化体育活动，凝聚有利于农村社区发展的内在动力和创新活力。

（八）改善农村社区人居环境。强化农村居民节约意识、环保意识和生态意识，形成爱护环境、节约资源的生活习惯、生产方式和良好风气。发动农村居民和社会力量开展形式多样的农村社区公共空间、公共设施、公共绿化管护行动。完善农村社区基础设施，建立健全农村供电、供排水、道路交通安全、消防安全、地名标志、通信网络等公用设施的建设、运行、管护和综合利用机制，提高对自然灾害、事故灾难、公共卫生事件、社会安全事件的预防和处置能力。分级建立污水、垃圾收集处理网络，健全日常管理维护，促进农村废弃物循环利用，重点解决污水乱排、垃圾乱扔、秸秆随意抛弃和焚烧等脏乱差问题。加快改水、改厨、改厕、改圈，改善农村社区卫生条件。积极推进"美丽乡村"和村镇生态文明建设，保持农村社区乡土特色和田园风光。

四、工作要求

（一）加强组织领导。各省（自治区、直辖市）要结合本地实际，确定一定数量具备条件的试点县，选择不同类型的行政村开展试点，土地集体所有权在村民小组的，可根据群众意愿和实际需要，将试点工作延伸到自然村层面，并制定切实可行的试点实施方案。中央和国家机关有关部门要加强对地方试点工作的指导，及时制定完善相关配套政策。地方党委和政府要把农村社区建设试点工作纳入重要议事日程，建立农村社区建设统筹协调和绩效评估机制。农村社区建设要在维护农民土地承包经营权和宅基地用益物权前提下开展，与当地国民经济和社会发展总体规划、土地利用规划、村庄规划和社会主义新农村建设规划等相衔接，与统筹城乡基层党的建设同步考虑。严禁强制推行大拆大建、撤村并居，严禁违反土地利用规划擅自改变农地用途，严禁以"管委会"等机构取代村党组织和村民委员会。各级民政部门要切实履行牵头职责，会同有关部门加强对试点工作的协调督导，适时组织专项督查。

（二）加强分类指导。根据不同地区经济社会发展水平和农村社区实际情况，突出重点、分类施策，稳步推进试点工作。城中村、城边村和农村居民集中移居点，要探索借鉴城市社区服务管理的有效经验，逐步实现与城镇基础设施、基本公共服务和社会事业发展相衔接；地形复杂、交通不便、居住分散的农村地区和林区、牧区、渔区可根据自身条件，探索推进农村社区建设的有效途径。外来人口集中的农村社区要重点推进社区基本公共服务向非户籍居民覆盖，促进外来人口的社区融入；人口流出较多的农村社区要加强对留守人员的生产扶持、社会救助和人文关怀，切实解决他们生产生活中的实际困难。村民自治基础和集体经济较好的村，要积极发展社区公益事业，完善社区公共设施和人居环境，着力提升居民生活品质；偏远、经济欠发达地区的农村社区,要切实增强村庄自治功能和发展能力。

(三)落实扶持政策。试点地区要加大投入力度,统筹整合相关涉农资金,提高资金使用效率,避免重复建设。推动农村社区拓宽资金来源渠道,统筹利用好村集体经济收入、政府投入和社会资金,重点保障基本公共服务设施和网络、农村居民活动场所建设需要,按规定合理安排农村社区工作经费和人员报酬。推进政府部门向社会组织转移职能和加大政府向社会组织购买服务力度,做到权随责走、费随事转。落实和完善支持农村社区建设的价格优惠政策,村民委员会服务设施用电以及社会福利场所生活用电按居民生活类价格执行。制定完善农村社区建设投融资政策,鼓励金融机构加快相关金融产品开发和服务创新,积极利用小额贷款等方式,安排信贷资金支持农村社区建设。探索在省级以下条件成熟的地区设立财政资金、金融和产业资本共同筹资的农村社区建设发展基金,吸纳更多社会资本参与农村社区建设。

(四)强化人才支撑。选优配强村"两委"领导班子,特别是选好用好管好村党组织带头人。及时吸纳农村优秀分子入党,加大发展农村青年党员工作力度。鼓励和支持退伍军人、普通高校和职业院校毕业生及各类优秀人才到农村社区工作。支持农村社区通过向社会公开招聘、挂职锻炼等方式配备和使用社会工作专业人才。加强对乡镇干部、村"两委"成员和农村社区工作者的培训,提升推动农村社区发展和服务农村居民的能力。

(五)及时总结经验。加强对农村社区建设的理论政策研究，及时将成熟的经验做法上升为政策法规，为全面推进农村社区建设提供制度保障。积极开展农村社区建设示范创建活动，适时对试点工作成效进行总结评估，稳步扩大试点范围。及时发现和宣传各类先进典型，总结推广好的经验和做法，形成全社会共同参与和推动农村社区建设的良好氛围。

各省（自治区、直辖市）要根据本指导意见，结合本地实际，制定推进农村社区建设试点工作的具体实施意见。尚未完成户籍制度改革、仍保留村民委员会的农垦区和工矿区可参照本指导意见制定试点方案。

关于加强城乡社区协商的意见

(摘自中央政府门户网站)

新华社北京 2015 年 7 月 22 日电 近日,中共中央办公厅、国务院办公厅印发了《关于加强城乡社区协商的意见》,并发出通知,要求各地区各部门结合实际认真贯彻执行。

《关于加强城乡社区协商的意见》全文如下。

为深入贯彻落实党的十八大和十八届三中、四中全会精神,发展基层民主,畅通民主渠道,开展形式多样的基层协商,推进城乡社区协商制度化、规范化和程序化,根据有关法律和《中共中央关于加强社会主义协商民主建设的意见》精神,现就加强城乡社区协商提出如下意见。

一、总体要求

(一)重要意义。城乡社区协商是基层群众自治的生动实践,是社会主义协商民主建设的重要组成部分和有效实现形式。改革开放特别是党的十八大以来,各地基层坚持有事多协商、遇事多协商、做事多协商,有效维护了群众切身利益,促进了社会和谐与文明进步。当前,随着新型工业化、信息化、城镇化、农业现代化的深入推进,我国经济社会发生深刻变化,利益主体日益多元,利益诉求更加多样。社区是社会的基本单元,加强城乡社区协商,有利于解决群众的实际困难和问题,化解矛盾纠纷,维护社会和谐稳定;有利于在基层群众中宣传党和政府的方针政策,努力形成共识,汇聚力量,推动各项政策落实；有利于找到群众意愿和要求的最大公约数，促进基层民主健康发展。

（二）指导思想。以邓小平理论、"三个代表"重要思想、科学发展观为指导，深入贯彻习近平总书记系列重要讲话精神，坚持党的领导、人民当家作主、依法治国有机统一，充分发挥社会主义制度的优越性，按照协商于民、协商为民的要求，以健全基层党组织领导的充满活力的基层群众自治机制为目标，以扩大有序参与、推进信息公开、加强议事协商、强化权力监督为重点，拓宽协商范围和渠道，丰富协商内容和形式，保障人民群众享有更多更切实的民主权利。

（三）基本原则。坚持党的领导，充分发挥村（社区）党组织在基层协商中的领导核心作用。坚持基层群众自治制度，充分保障群众的知情权、参与权、表达权、监督权，促进群众依法自我管理、自我服务、自我教育、自我监督。坚持依法协商，保证协商活动有序进行，协商结果合法有效。坚持民主集中制，实现发扬民主和提高效率相统一，防止议而不决。坚持协商于决策之前和决策实施之中，增强决策的科学性和实效性。坚持因地制宜，尊重群众首创精神，鼓励探索创新。

（四）总体目标。到2020年，基本形成协商主体广泛、内容丰富、形式多样、程序科学、制度健全、成效显著的城乡社区协商新局面。

二、主要任务

（一）明确协商内容。根据当地经济社会发展实际，坚持广泛协商，针对不同渠道、不同层次、不同地域特点，合理确定协商内容，主要包括：城乡经济社会发展中涉及当地居民切身利益的公共事务、公益事业；当地居民反映强烈、迫切要求解决的实际困难问题和矛盾纠纷；党和政府的方针政策、重点工作部署在城乡社区的落实；法律法规和政策明确要求协商的事项；各类协商主体提出协商需求的事项。

（二）确定协商主体。基层政府及其派出机关、村（社区）党组织、村（居）民委员会、村（居）务监督委员会、村（居）民小组、驻村（社区）单位、社区社会组织、业主委员会、农村集体经济组织、农民合作组织、物业服务企业和当地户籍居民、非户籍居民代表以及其他利益相关方可以作为协商主体。涉及行政村、社区公共事务和居民切身利益的事项，由村（社区）党组织、村（居）民委员会牵头，组织利益相关方进行协商。涉及两个以上行政村、社区的重要事项，单靠某一村（社区）无法开展协商时，由乡镇、街道党委（党工委）牵头组织开展协商。人口较多的自然村、村民小组，在村党组织的领导下组织居民进行协商。专业性、技术性较强的事项，可以邀请相关专家学者、专业技术人员、第三方机构等进行论证评估。协商中应当重视吸纳威望高、办事公道的老党员、老干部、群众代表，党代表、人大代表、政协委员，以及基层群团组织负责人、社会工作者参与。

（三）拓展协商形式。坚持村（居）民会议、村（居）民代表会议制度，规范议事规程。结合参与主体情况和具体协商事项，可以采取村（居）民议事会、村（居）民理事会、小区协商、业主协商、村（居）民决策听证、民主评议等形式，以民情恳谈日、社区（驻村）警务室开放日、村（居）民论坛、妇女之家等为平台，开展灵活多样的协商活动。推进城乡社区信息化建设,开辟社情民意网络征集渠道,为城乡居民搭建网络协商平台。

(四)规范协商程序。协商的一般程序是:村(社区)党组织、村(居)民委员会在充分征求意见的基础上研究提出协商议题,确定参与协商的各类主体;通过多种方式,向参与协商的各类主体提前通报协商内容和相关信息;组织开展协商,确保各类主体充分发表意见建议,形成协商意见;组织实施协商成果,向协商主体、利益相关方和居民反馈落实情况等。对于涉及面广、关注度高的事项,要经过专题议事会、民主听证会等程序进行协商。通过协商无法解决或存在较大争议的问题或事项,应当提交村(居)民会议或村(居)民代表会议决定。跨村(社区)协商的协商程序,由乡镇、街道党委(党工委)研究确定。

(五)运用协商成果。建立协商成果采纳、落实和反馈机制。需要村(社区)落实的事项,村(社区)党组织、村(居)民委员会应当及时组织实施,落实情况要在规定期限内通过村(居)务公开栏、社区刊物、村(社区)网络论坛等渠道公开,接受群众监督。受政府或有关部门委托的协商事项,协商结果要及时向基层政府或有关部门报告,基层政府和有关部门要认真研究吸纳,并以适当方式反馈。对协商过程中持不同意见的群众,协商组织者要及时做好解释说明工作。协商结果违反法律法规的,基层政府应当依法纠正,并做好法治宣传教育工作。

三、组织领导

(一)加强党的领导。村(社区)党组织要加强对协商工作的组织领导，注意研究解决协商中的困难和问题，及时向乡镇、街道党委（党工委）和政府提出工作建议。积极探索扩大党内基层民主的实现形式，全面推进村（社区）党务公开，建立健全党代表联系群众制度，以党内民主带动和促进城乡社区协商发展。加强基层党组织和党员队伍建设，鼓励和支持党员干部积极参与协商活动，切实发挥好基层党组织战斗堡垒作用和党员先锋模范作用，引领城乡居民和各方力量广泛参与协商实践。

（二）建立健全工作机制。地方各级党委和政府要把城乡社区协商工作纳入重要议事日程，结合实际研究制定具体办法。要加强分类指导，针对人口密集、人数较多的村（社区），外来务工人员较多的村（社区），留守人员较多或地广人稀、居住分散、交通不便的农村地区以及民族地区的特点，设计协商方案，提高协商的针对性、有效性。民政部门要会同组织等有关部门认真做好协商工作的指导和督促落实。推进乡镇、街道协商民主建设，提高乡镇、街道指导行政村、社区协商活动的能力和水平。建立健全基层党组织领导、村（居）民委员会负责、各类协商主体共同参与的工作机制，定期研究协商中的重要问题。建立健全乡镇、街道协商与行政村、社区协商的联动机制，推动协商工作深入开展。注重发挥群团组织和社会工作者的优势，协助动员和组织居民群众参与协商。村（居）务监督委员会要加强监督，保障协商依法有序开展。

（三）加强对协商工作的支持和保障。进一步完善基层群众自治的法律法规，为城乡居民开展协商民主实践提供法律支撑。县（市、区、旗）和乡镇、街道要进一步加大支持力度，通过村级组织运转经费保障机制等现有渠道，为城乡居民开展协商活动提供必要条件和资金。有条件的地方，经村（居）民会议或者村（居）民代表会议讨论决定，可以制定具体实施办法，对符合规定且受村（居）民委员会委托组织群众协商的人员，给予适当误工补贴，并按照村（居）务公开的要求予以公示。

（四）提升城乡居民参与协商的能力。倡导协商精神、培育协商文化，引导群众依法表达意见，积极参与协商。开展基层干部和行政村、社区工作者专题培训，提高组织开展协商工作的能力和水平。广泛开展政策宣传，普及法律知识，帮助城乡居民掌握并有效运用协商的方法和程序，营造全社会关心、支持、参与城乡社区协商的良好氛围。发挥各级党代表、人大代表、政协委员密切联系群众的积极作用，引导基层群众开展协商活动。开展城乡社区协商示范点建设，充分发挥引领带动作用。

中共中央 国务院关于加强和完善城乡社区治理的意见

（摘自中央政府门户网站，新华社北京 2017 年 6 月 12 日电）

城乡社区是社会治理的基本单元。城乡社区治理事关党和国家大政方针贯彻落实，事关居民群众切身利益，事关城乡基层和谐稳定。为实现党领导下的政府治理和社会调节、居民自治良性互动，全面提升城乡社区治理法治化、科学化、精细化水平和组织化程度，促进城乡社区治理体系和治理能力现代化，现就加强和完善城乡社区治理提出以下意见。

一、总体要求

（一）指导思想。全面贯彻党的十八大和十八届三中、四中、五中、六中全会精神，坚持以邓小平理论、"三个代表"重要思想、科学发展观为指导，深入贯彻习近平总书记系列重要讲话精神和治国理政新理念新思想新战略，紧紧围绕统筹推进"五位一体"总体布局和协调推进"四个全面"战略布局，坚持以基层党组织建设为关键、政府治理为主导、居民需求为导向、改革创新为动力，健全体系、整合资源、增强能力，完善城乡社区治理体制，努力把城乡社区建设成为和谐有序、绿色文明、创新包容、共建共享的幸福家园，为实现"两个一百年"奋斗目标和中华民族伟大复兴的中国梦提供可靠保证。

(二) 基本原则

——坚持党的领导，固本强基。加强党对城乡社区治理工作的领导，推进城乡社区基层党组织建设，切实发挥基层党组织领导核心作用，带领群众坚定不移贯彻党的理论和路线方针政策，确保城乡社区治理始终保持正确政治方向。

——坚持以人为本，服务居民。坚持以人民为中心的发展思想，把服务居民、造福居民作为城乡社区治理的出发点和落脚点，坚持依靠居民、依法有序组织居民群众参与社区治理，实现人人参与、人人尽力、人人共享。

——坚持改革创新，依法治理。强化问题导向和底线思维，积极推进城乡社区治理理论创新、实践创新、制度创新。弘扬社会主义法治精神，坚持运用法治思维和法治方式推进改革，建立惩恶扬善长效机制，破解城乡社区治理难题。

——坚持城乡统筹，协调发展。适应城乡发展一体化和基本公共服务均等化要求，促进公共资源在城乡间均衡配置。统筹谋划城乡社区治理工作，注重以城带乡、以乡促城、优势互补、共同提高，促进城乡社区治理协调发展。

——坚持因地制宜，突出特色。推动各地立足自身资源禀赋、基础条件、人文特色等实际，确定加强和完善城乡社区治理的发展思路和推进策略，实现顶层设计和基层实践有机结合，加快形成既有共性又有特色的城乡社区治理模式。

(三) 总体目标。到 2020 年，基本形成基层党组织领导、基层政府主导的多方参与、共同治理的城乡社区治理体系，城乡社区治理体制更加完善，城乡社区治理能力显著提升，城乡社区公共服务、公共管理、公共安全得到有效保障。再过 5 到

10年,城乡社区治理体制更加成熟定型,城乡社区治理能力更为精准全面,为夯实党的执政根基、巩固基层政权提供有力支撑,为推进国家治理体系和治理能力现代化奠定坚实基础。

二、健全完善城乡社区治理体系

(一)充分发挥基层党组织领导核心作用。把加强基层党的建设、巩固党的执政基础作为贯穿社会治理和基层建设的主线,以改革创新精神探索加强基层党的建设引领社会治理的路径。加强和改进街道(乡镇)、城乡社区党组织对社区各类组织和各项工作的领导,确保党的路线方针政策在城乡社区全面贯彻落实。推动管理和服务力量下沉,引导基层党组织强化政治功能,聚焦主业主责,推动街道(乡镇)党(工)委把工作重心转移到基层党组织建设上来,转移到做好公共服务、公共管理、公共安全工作上来,转移到为经济社会发展提供良好公共环境上来。加强社区服务型党组织建设,着力提升服务能力和水平,更好地服务改革、服务发展、服务民生、服务群众、服务党员。继续推进街道(乡镇)、城乡社区与驻社区单位共建互补,深入拓展区域化党建。扩大城市新兴领域党建工作覆盖,推进商务楼宇、各类园区、商圈市场、网络媒体等的党建覆盖。健全社区党组织领导基层群众性自治组织开展工作的相关制度,依法组织居民开展自治,及时帮助解决基层群众自治中存在的困难和问题。加强城乡社区党风廉政建设,推动全面从严治党向城乡社区延伸,切实解决居民群众身边的腐败问题。

(二)有效发挥基层政府主导作用。各省(自治区、直辖市)按照条块结合、以块为主的原则,制定区县职能部门、街道办事处(乡镇政府)在社区治理方面的权责清单;依法厘清街道办事处（乡镇政府）和基层群众性自治组织权责边界，明确基层群众性自治组织承担的社区工作事项清单以及协助政府的社区工作事项清单；上述社区工作事项之外的其他事项，街道办事处（乡镇政府）可通过向基层群众性自治组织等购买服务方式提供。建立街道办事处（乡镇政府）和基层群众性自治组织履职履约双向评价机制。基层政府要切实履行城乡社区治理主导职责，加强对城乡社区治理的政策支持、财力物力保障和能力建设指导，加强对基层群众性自治组织建设的指导规范，不断提高依法指导城乡社区治理的能力和水平。

（三）注重发挥基层群众性自治组织基础作用。进一步加强基层群众性自治组织规范化建设，合理确定其管辖范围和规模。促进基层群众自治与网格化服务管理有效衔接。加快工矿企业所在地、国有农（林）场、城市新建住宅区、流动人口聚居地的社区居民委员会组建工作。完善城乡社区民主选举制度，进一步规范民主选举程序，通过依法选举稳步提高城市社区居民委员会成员中本社区居民比例，切实保障外出务工农民民主选举权利。进一步增强基层群众性自治组织开展社区协商、服务社区居民的能力。建立健全居务监督委员会，推进居务公开和民主管理。充分发挥自治章程、村规民约、居民公约在城乡社区治理中的积极作用，弘扬公序良俗，促进法治、德治、自治有机融合。

（四）统筹发挥社会力量协同作用。制定完善孵化培育、人才引进、资金支持等扶持政策，落实税费优惠政策，大力发展在城乡社区开展纠纷调解、健康养老、教育培训、公益慈善、防灾减灾、文体娱乐、邻里互助、居民融入及农村生产技术服务等活动的社区社会组织和其他社会组织。推进社区、社会组织、社会工作"三社联动",完善社区组织发现居民需求、统筹设计服务项目、支持社会组织承接、引导专业社会工作团队参与的工作体系。鼓励和支持建立社区老年协会,搭建老年人参与社区治理的平台。增强农村集体经济组织支持农村社区建设能力。积极引导驻社区机关企事业单位、其他社会力量和市场主体参与社区治理。

三、不断提升城乡社区治理水平

(一)增强社区居民参与能力。提高社区居民议事协商能力,凡涉及城乡社区公共利益的重大决策事项、关乎居民群众切身利益的实际困难问题和矛盾纠纷,原则上由社区党组织、基层群众性自治组织牵头,组织居民群众协商解决。支持和帮助居民群众养成协商意识、掌握协商方法、提高协商能力,推动形成既有民主又有集中、既尊重多数人意愿又保护少数人合法权益的城乡社区协商机制。探索将居民群众参与社区治理、维护公共利益情况纳入社会信用体系。推动学校普及社区知识,参与社区治理。拓展流动人口有序参与居住地社区治理渠道,丰富流动人口社区生活,促进流动人口社区融入。

(二)提高社区服务供给能力。加快城乡社区公共服务体系建设,健全城乡社区服务机构,编制城乡社区公共服务指导目录,做好与城乡社区居民利益密切相关的劳动就业、社会保障、卫生计生、教育事业、社会服务、住房保障、文化体育、公共安全、公共法律服务、调解仲裁等公共服务事项。着力增加农村社区公共服务供给,促进城乡社区服务项目、标准相衔接,逐步实现均等化。将城乡社区服务纳入政府购买服务指导性目录，完善政府购买服务政策措施，按照有关规定选择承接主体。创新城乡社区公共服务供给方式，推行首问负责、一窗受理、全程代办、服务承诺等制度。提升城乡社区医疗卫生服务能力和水平，更好满足居民群众基本医疗卫生服务需求。探索建立社区公共空间综合利用机制，合理规划建设文化、体育、商业、物流等自助服务设施。积极开展以生产互助、养老互助、救济互助等为主要形式的农村社区互助活动。鼓励和引导各类市场主体参与社区服务业，支持供销合作社经营服务网点向城乡社区延伸。

（三）强化社区文化引领能力。以培育和践行社会主义核心价值观为根本，大力弘扬中华优秀传统文化，培育心口相传的城乡社区精神，增强居民群众的社区认同感、归属感、责任感和荣誉感。将社会主义核心价值观融入居民公约、村规民约，内化为居民群众的道德情感，外化为服务社会的自觉行动。重视发挥道德教化作用，建立健全社区道德评议机制，发现和宣传社区道德模范、好人好事，大力褒奖善行义举，用身边事教育身边人，引导社区居民崇德向善。组织居民群众开展文明家庭创建活动，发展社区志愿服务，倡导移风易俗，形成与邻为善、以邻为伴、守望相助的良好社区氛围。不断加强民族团结，建立各民族相互嵌入式的社会结构和社区环境，创建民族团结进步示范社区。加强城乡社区公共文化服务体系建设，提升公共文化服务水平，因地制宜设置村史陈列、非物质文化遗产等特色文化展示设施，突出乡土特色、民族特色。积极发展社区教育，建立健全城乡一体的社区教育网络，推进学习型社区建设。

（四）增强社区依法办事能力。进一步加快城乡社区治理法治建设步伐，加快修订《中华人民共和国城市居民委员会组织法》，贯彻落实《中华人民共和国村民委员会组织法》，研究制定社区治理相关行政法规。有立法权的地方要结合当地实际，出台城乡社区治理地方性法规和地方政府规章。推进法治社区建设，发挥警官、法官、检察官、律师、公证员、基层法律服务工作者作用，深入开展法治宣传教育和法律进社区活动，推进覆盖城乡居民的公共法律服务体系建设。

（五）提升社区矛盾预防化解能力。完善利益表达机制，建立党代会代表、人大代表、政协委员联系社区制度，完善党员干部直接联系群众制度，引导群众理性合法表达利益诉求。完善心理疏导机制，依托社会工作服务机构等专业社会组织，加强对城乡社区社会救助对象、建档立卡贫困人口、困境儿童、精神障碍患者、社区服刑人员、刑满释放人员和留守儿童、妇女、老人等群体的人文关怀、精神慰藉和心理健康服务，重点加强老少边穷地区农村社区相关机制建设。完善矛盾纠纷调处机制，健全城乡社区人民调解组织网络，引导人民调解员、基层法律服务工作者、农村土地承包仲裁员、社会工作者、心理咨询师等专业队伍，在物业纠纷、农村土地承包经营纠纷、家事纠纷、邻里纠纷调解和信访化解等领域发挥积极作用。推进平安社区建设，依托社区综治中心，拓展网格化服务管理，加强城乡社区治安防控网建设，深化城乡社区警务战略，全面提高社区治安综合治理水平，防范打击黑恶势力扰乱基层治理。

（六）增强社区信息化应用能力。提高城乡社区信息基础设施和技术装备水平，加强一体化社区信息服务站、社区信息亭、社区信息服务自助终端等公益性信息服务设施建设。依托"互联网+政务服务"相关重点工程，加快城乡社区公共服务综合信息平台建设，实现一号申请、一窗受理、一网通办，强化"一门式"服务模式的社区应用。实施"互联网+社区"行动计划，加快互联网与社区治理和服务体系的深度融合，运用社区论坛、微博、微信、移动客户端等新媒体，引导社区居民密切日常交往、参与公共事务、开展协商活动、组织邻里互助，探索网络化社区治理和服务新模式。发展社区电子商务。按照分级分类推进新型智慧城市建设要求，务实推进智慧社区信息系统建设，积极开发智慧社区移动客户端，实现服务项目、资源和信息的多平台交互和多终端同步。加强农村社区信息化建设，结合信息进村入户和电子商务进农村综合示范，积极发展农产品销售等农民致富服务项目，积极实施"网络扶贫行动计划"，推动扶贫开发兜底政策落地。

四、着力补齐城乡社区治理短板

（一）改善社区人居环境。完善城乡社区基础设施，建立健全农村社区基础设施和公用设施的投资、建设、运行、管护和综合利用机制。加快城镇棚户区、城中村和危房改造。加强城乡社区环境综合治理，做好城市社区绿化美化净化、垃圾分类处理、噪声污染治理、水资源再生利用等工作，着力解决农村社区垃圾收集、污水排放、秸秆焚烧以及散埋乱葬等问题，广泛发动居民群众和驻社区机关企事业单位参与环保活动，建设资源节约型、环境友好型社区。推进健康城市和健康村镇建设。强化社区风险防范预案管理，加强社区应急避难场所建设，开展社区防灾减灾科普宣传教育，有序组织开展社区应对突发事件应急演练，提高对自然灾害、事故灾难、公共卫生事件、社会安全事件的预防和处置能力。加强消防宣传和消防治理，提高火灾事故防范和处置能力，推进消防安全社区建设。

（二）加快社区综合服务设施建设。将城乡社区综合服务设施建设纳入当地国民经济和社会发展规划、城乡规划、土地利用规划等，按照每百户居民拥有综合服务设施面积不低于30平方米的标准，以新建、改造、购买、项目配套和整合共享等形式，逐步实现城乡社区综合服务设施全覆盖。加快贫困地区农村社区综合服务设施建设，率先推动易地搬迁安置区综合服务设施建设全覆盖。落实不动产统一登记制度，做好政府投资建设的城乡社区综合服务设施不动产登记服务工作。除国家另有规定外，所有以社区居民为对象的公共服务、志愿服务、专业社会工作服务，原则上在城乡社区综合服务设施中提供。创新城乡社区综合服务设施运营机制，通过居民群众协商管理、委托社会组织运营等方式，提高城乡社区综合服务设施利用率。落实城乡社区综合服务设施供暖、水电、燃气价格优惠政策。

（三）优化社区资源配置。组织开展城乡社区规划编制试点，落实城市总体规划要求，加强与控制性详细规划、村庄规划衔接；发挥社区规划专业人才作用，广泛吸纳居民群众参与，科学确定社区发展项目、建设任务和资源需求。探索建立基层政府面向城乡社区的治理资源统筹机制，推动人财物和责权利对称下沉到城乡社区，增强城乡社区统筹使用人财物等资源的自主权。探索基层政府组织社区居民在社区资源配置公共政策决策和执行过程中，有序参与听证、开展民主评议的机制。建立机关企事业单位履行社区治理责任评价体系，推动机关企事业单位积极参与城乡社区服务、环境治理、社区治安综合治理等活动，面向城乡社区开放文化、教育、体育等活动设施。注重运用市场机制优化社区资源配置。

（四）推进社区减负增效。依据社区工作事项清单建立社区工作事项准入制度，应当由基层政府履行的法定职责，不得要求基层群众性自治组织承担，不得将基层群众性自治组织作为行政执法、拆迁拆违、环境整治、城市管理、招商引资等事项的责任主体；依法需要基层群众性自治组织协助的工作事项，应当为其提供经费和必要工作条件。进一步清理规范基层政府各职能部门在社区设立的工作机构和加挂的各种牌子，精简社区会议和工作台账，全面清理基层政府各职能部门要求基层群众性自治组织出具的各类证明。实行基层政府统一对社区工作进行综合考核评比，各职能部门不再单独组织考核评比活动，取消对社区工作的"一票否决"事项。

（五）改进社区物业服务管理。加强社区党组织、社区居民委员会对业主委员会和物业服务企业的指导和监督，建立健全社区党组织、社区居民委员会、业主委员会和物业服务企业议事协调机制。探索在社区居民委员会下设环境和物业管理委员会，督促业主委员会和物业服务企业履行职责。探索完善业主委员会的职能，依法保护业主的合法权益。探索符合条件的社区居民委员会成员通过法定程序兼任业主委员会成员。探索在无物业管理的老旧小区依托社区居民委员会实行自治管理。有条件的地方应规范农村社区物业管理，研究制定物业管理费管理办法；探索在农村社区选聘物业服务企业，提供社区物业服务。探索建立社区微型消防站或志愿消防队。

五、强化组织保障

（一）完善领导体制和工作机制。各级党委和政府要把城乡社区治理工作纳入重要议事日程，完善党委和政府统一领导，有关部门和群团组织密切配合，社会力量广泛参与的城乡社区治理工作格局。完善中央层面城乡社区治理工作协调机制，地方各级党委和政府要建立健全相应工作机制，抓好统筹指导、组织协调、资源整合和督促检查。各省（自治区、直辖市）党委和政府要建立研究决定城乡社区治理工作重大事项制度，定期研究城乡社区治理工作。市县党委书记要认真履行第一责任人职责，街道党工委书记、乡镇党委书记要履行好直接责任人职责。要把城乡社区治理工作纳入地方党政领导班子和领导干部政绩考核指标体系，纳入市县乡党委书记抓基层党建工作述职评议考核。逐步建立以社区居民满意度为主要衡量标准的社区治理评价体系和评价结果公开机制。

（二）加大资金投入力度。加大财政保障力度，统筹使用各级各部门投入城乡社区的符合条件的相关资金，提高资金使用效率，重点支持做好城乡社区治理各项工作。老少边穷地区应根据当地发展水平，统筹中央财政一般性转移支付等现有资金渠道，支持做好城乡社区建设工作。不断拓宽城乡社区治理资金筹集渠道，鼓励通过慈善捐赠、设立社区基金会等方式，引导社会资金投向城乡社区治理领域。创新城乡社区治理资金使用机制，有序引导居民群众参与确定资金使用方向和服务项目，全过程监督服务项目实施和资金使用。

（三）加强社区工作者队伍建设。将社区工作者队伍建设纳入国家和地方人才发展规划，地方要结合实际制定社区工作者队伍发展专项规划和社区工作者管理办法，把城乡社区党组织、基层群众性自治组织成员以及其他社区专职工作人员纳入社区工作者队伍统筹管理，建设一支素质优良的专业化社区工作者队伍。加强城乡社区党组织带头人队伍建设，选优配强社区党组织书记，加大从社区党组织书记中招录公务员和事业编制人员力度，注重把优秀社区党组织书记选拔到街道（乡镇）领导岗位，推动符合条件的社区党组织书记或班子成员通过依法选举担任基层群众性自治组织负责人或成员。社区专职工作人员由基层政府职能部门根据工作需要设岗招聘，街道办事处（乡镇政府）统一管理，社区组织统筹使用。加强对社区工作者的教育培训，提高其依法办事、执行政策和服务居民能力，支持其参加社会工作职业资格评价和学历教育等，对获得社会工作职业资格的给予职业津贴。加强社区工作者作风建设，建立群众满意度占主要权重的社区工作者评价机制，探索建立容错纠错机制和奖惩机制，调动社区工作者实干创业、改革创新热情。

（四）完善政策标准体系和激励宣传机制。加强城乡社区治理工作理论政策研究，做好城乡社区发展规划编制工作，制定"三社联动"机制建设、政府购买城乡社区服务等相关配套政策。加快建立城乡社区治理标准体系，研究制定城乡社区组织、社区服务、社区信息化建设等方面基础通用标准、管理服务标准和设施设备配置标准。及时总结推广城乡社区治理先进经验，积极开展城市和谐社区建设、农村幸福社区建设示范创建活动和城乡社区结对共建活动，大力表彰先进城乡社区组织和优秀城乡社区工作者。充分发挥报刊、广播、电视等新闻媒体和网络新媒体作用，广泛宣传城乡社区治理创新做法和突出成效，营造全社会关心、支持、参与城乡社区治理的良好氛围。

　　各省（自治区、直辖市）要按照本意见精神，结合实际制定加强城乡社区治理工作的具体实施意见。各有关部门要根据本意见要求和职责分工，制定贯彻落实的具体措施。

民政部关于大力培育发展
社区社会组织的意见

民发〔2017〕191号

各省、自治区、直辖市民政厅（局），各计划单列市民政局，新疆生产建设兵团民政局：

社区社会组织是由社区居民发起成立，在城乡社区开展为民服务、公益慈善、邻里互助、文体娱乐和农村生产技术服务等活动的社会组织。培育发展社区社会组织，对加强社区治理体系建设、推动社会治理重心向基层下移、打造共建共治共享的社会治理格局，具有重要作用。为贯彻落实党的十九大关于"加强和创新社会治理"的精神，根据中央有关文件要求，现就大力培育发展社区社会组织提出如下意见。

一、培育发展社区社会组织的总体要求

深入学习贯彻党的十九大精神，以习近平新时代中国特色社会主义思想为指导，认真落实党中央、国务院关于大力培育发展社区社会组织的部署要求，以满足群众需求为导向，以鼓励扶持为重点，以能力提升为基础，引导社区社会组织健康有序发展，充分发挥社区社会组织提供服务、反映诉求、规范行为的积极作用。力争到2020年，社区社会组织培育发展初见成效，实现城市社区平均拥有不少于10个社区社会组织，农村社区平均拥有不少于5个社区社会组织。再过5到10年，社区社会组织管理制度更加健全，支持措施更加完备，整体发展更加有序,作用发挥更加明显,成为创新基层社会治理的有力支撑。

二、充分发挥社区社会组织的积极作用

(一)提供社区服务。支持社区社会组织承接社区公共服务项目。推动家庭服务、健康服务、养老服务、育幼服务等领域的社区社会组织主动融入城乡社区便民利民服务网络,为社区居民提供多种形式的生活服务。鼓励社区社会组织多为社区内低保对象、特困人员、空巢老人、农村留守人员、困境儿童、残疾人等困难群体提供生活照料、文体娱乐、医疗保健等志愿服务。支持社会工作服务机构面向社区提供心理疏导、人文关怀、精神慰藉和心理健康等专业服务。引导农村社区社会组织发扬邻里互助的传统,开展以生产互助、养老互助、救助互助为主的活动,增强农村居民自我服务能力。

(二)扩大居民参与。发挥社区社会组织扎根社区、贴近群众的优势,广泛动员社区居民参与社区公共事务和公益事业。引导社区社会组织在基层党组织领导下,协助基层群众性自治组织推动社区居民有序参与基层群众自治实践,依法开展自我管理、自我服务、自我教育、自我监督等活动。引导社区居民在参与社区社会组织活动过程中有序表达利益诉求,养成协商意识、掌握协商方法、提高协商能力,协商解决涉及城乡社区公共利益的重大事项、关乎居民切身利益的实际问题和矛盾纠纷。鼓励社区社会组织参与制定自治章程、居民公约和村规民约,拓展流动人口有序参与居住地社区治理渠道,促进流动人口社区融入。

(三)培育社区文化。发挥社区社会组织在完善社区公共文化服务体系中的积极作用,丰富群众性文化活动,提升社区居民生活品质。指导社区社会组织在组织开展文化、教育、体育、科普、娱乐、慈善等社区居民活动中积极培育和践行社会主义核心价值观,倡导移风易俗,弘扬时代新风。鼓励社区社会组织参与社区楷模、文明家庭等各种社区创建活动,弘扬优秀传统文化,维护公序良俗,形成向上向善、孝老爱亲、与邻为善、守望互助的良好社区氛围,增强居民群众的社区认同感、归属感、责任感和荣誉感。

(四)促进社区和谐。发挥社区社会组织在源头治理方面的积极作用,协助提升社区矛盾预防化解能力。支持社区社会组织参与物业纠纷、农村土地承包经营纠纷、家庭纠纷、邻里纠纷调解和信访化解。指导社区社会组织参与群防群治,协助做好社区矫正、社区戒毒、刑满释放人员帮扶、社区防灾减灾、精神障碍社区康复等工作,积极参与平安社区建设,助力社区治安综合治理。

三、加大对社区社会组织的培育扶持力度

(一)实施分类管理。符合法定登记条件的社区社会组织,可以到所在地县级民政部门申请登记,其中符合直接登记条件的可以直接提出申请。民政部门要通过简化登记程序、提高审核效率、结合社区社会组织特点制定章程范本等方式优化登记服务。落实中央有关文件要求,对未达到登记条件的社区社会组织,按照不同规模、业务范围、成员构成和服务对象,由街道办事处(乡镇政府)实施管理,加强分类指导和业务指导;对规模较小、组织较为松散的社区社会组织,由社区党组织领导,基层群众性自治组织对其活动进行指导和管理。

(二)明确发展重点。加快发展生活服务类、公益慈善类和居民互助类社区社会组织。重点培育为老年人、妇女、儿童、残疾人、失业人员、农民工、服刑人员或强制戒毒等限制自由人员的未成年子女、困难家庭、严重精神障碍患者、有不良行为青少年、社区矫正人员等特定群体服务的社区社会组织。鼓励支持有条件的社区社会组织吸纳社会工作专业人才,发挥"三社联动"优势。加快农村社区社会组织发展,引导它们有序参与乡村治理体系建设,在脱贫攻坚、就业创业、生产互助、卫生健康、文化体育、社会治安、纠纷调解、生活救助、减灾救灾、留守人员关爱等方面发挥作用。支持高校毕业生、复转军人和返乡创业农民工创建农村社区社会组织或到农村社区社会组织中就业。

(三)加大扶持力度。要协调有关部门加大对社区社会组织发展的资金支持,鼓励引导社会资金支持社区社会组织发展,推动建立多元化、制度化的资金保障机制。推动基层政府将城乡社区服务纳入政府购买服务指导目录,逐步扩大购买范围和规模,支持社区社会组织承接相关服务项目。中央财政支持社会组织参与社会服务项目将加大对社区服务类社会组织的支持力度。民政部门彩票公益金支持资助社区社会组织开展扶老、助残、救孤、济困等服务项目。鼓励有条件的地方设立社区发展基金会,为城乡社区治理募集资金,为其他社区社会组织提供资助。鼓励有条件的基层群众性自治组织对社区社会组织开展的公益慈善类服务活动给予一定经费和服务场地支持。推动政府资金、社会资金等资金资源向农村社区社会组织和服务项目倾斜。依托街道(乡镇)社区服务中心、城乡社区服务站等设施,建立社区社会组织综合服务平台,鼓励将闲置的宾馆、办公用房、福利设施等国有或集体所有资产,通过无偿使用等优惠方式提供给社区社会组织开展公益活动。有条件的地方可探索设立孵化培育资金,建设孵化基地,为初创的社区社会组织提供公益创投、补贴奖励、活动场地、费用减免等支持。

(四)促进能力提升。加强社区社会组织人才培养,通过强化业务培训、引导参加相关职业资格考试等措施,着力培养一批热心社区事务、熟悉社会组织运作、具备专业服务能力的社区社会组织负责人和业务骨干。推动建立专业社会工作者与社区社会组织联系协作机制,发挥专业支撑作用,提升社区社会组织服务水平。强化社区社会组织项目开发能力,通过开展社区服务项目交流会、公益创投大赛等方式,指导社区社会组织树立项目意识,提升需求发现、项目设计、项目运作水平。推进社区社会组织品牌建设,引导优秀社区社会组织完善自身发展规划和品牌塑造,加强公益活动宣传,提高品牌辨识度和社会知晓度。指导社区社会组织规范资金使用和活动开展,强化决策公开和运作透明,不断提升服务绩效和社会公信力。

四、加强对社区社会组织的管理服务

(一)加强党的领导。按照《中共中央 国务院关于加强和完善城乡社区治理的意见》要求,推动街道(乡镇)党(工)委和城乡社区党组织加强对社区社会组织各项工作的领导,确保社区社会组织全面贯彻落实党的路线方针政策和决策部署,沿着正确方向发展。推动建立城乡社区党组织与社区社会组织定期联系制度,组织和协调社区社会组织参与城乡社区共驻共建活动。鼓励社区党员担任社区社会组织负责人,把符合条件的社区社会组织骨干培养发展为党员,把社区社会组织中的优秀党员吸收到城乡社区党组织领导班子中。社区社会组织要认真落实《中共中央办公厅印发〈关于加强社会组织党的建设工作的意见（试行）〉的通知》要求，在城乡社区党组织的指导下加强自身党的建设工作，推进党的组织和工作有效覆盖。社区社会组织党组织应当结合自身特点开展党组织活动，在业务活动中宣传党的主张，贯彻党的决定，团结动员社区群众，严格落实"三会一课"等制度，做好党员的教育、管理和监督，引导党员发挥先锋模范作用。

（二）加强工作指导。各级民政部门要依法加强已登记的社区社会组织日常活动、负责人、资金往来、信息公开等方面的管理，通过抽查、评估、培训等方式，指导其强化自律诚信和守法意识，按照章程规定健全组织机构，完善运行机制，建立管理制度，强化组织人员、重大活动、收费标准等信息公开，自觉接受监督。指导街道办事处（乡镇政府）、基层群众性自治组织做好未达到登记条件的社区社会组织的培育扶持、服务指导等工作，指导社区社会组织建立必要的活动制度和服务规范，自觉践行服务社区、服务居民的宗旨，对于存在问题的组织及时提醒和帮助纠正。鼓励在街道（乡镇）成立社区社会组织联合会、社区社会组织服务中心等枢纽型社会组织，发挥管理服务协调作用，规范社区社会组织行为，提供资源支持、承接项目、代管资金、人员培训等服务。

（三）做好组织宣传。各级民政部门要在深入学习贯彻党的十九大精神过程中，进一步深化对培育发展社区社会组织工作重要意义的认识，积极争取党委和政府的重视与支持，推动将社区社会组织发展和管理工作纳入基层政府绩效考核内容和社会治安综合治理考评体系。科学制定社区社会组织发展规划、扶持措施、管理制度,加大部门协调力度,完善工作运行机制,形成各部门共同支持社区社会组织发展的工作格局。发挥先进典型的示范引领作用,及时归纳总结发展社区社会组织的先进经验,加大对社区社会组织优秀典型、先进事迹的表扬、奖励和宣传,营造关心、支持社区社会组织发展的良好社会氛围。

民政部
2017 年 12 月 27 日

民政部 财政部关于中央财政支持开展居家和社区养老服务改革试点工作的通知

民函〔2016〕200号

各省、自治区、直辖市民政厅（局）、财政厅（局），新疆生产建设兵团民政局、财务局：

为全面贯彻党的十八届五中全会决定提出的"建设以居家为基础、社区为依托、机构为补充的多层次养老服务体系"的精神，落实2016年政府工作报告中提出的"开展养老服务业综合改革试点"的要求，中央财政决定安排中央专项彩票公益金，通过以奖代补方式，选择一批地区进行居家和社区养老服务改革试点，促进完善养老服务体系。现就有关事项通知如下：

一、总体要求

（一）指导思想。贯彻落实党的十八大和十八届三中、四中、五中全会精神，以习近平总书记关于加强老龄工作的重要指示精神为指导，重点支持试点地区居家和社区养老服务发展，通过政府扶持、社会力量运营、市场化运作，全面提升居家和社区养老综合服务能力，总结推广居家和社区养老服务发展的可推广、可复制、可持续的经验，引领带动全国居家和社区养老服务发展，巩固居家和社区养老服务在养老服务体系中的基础地位，满足绝大多数有需求的老年人在家或社区享受养老服务的愿望。

(二) 基本原则。

一是中央引导、地方为主。中央明确试点目标任务,给予资金支持、工作指导,并对地方试点进行跟踪评估和绩效考核,对成功模式和经验做法进行宣传、复制和推广。地方政府是发展居家和养老服务业的责任主体,负责制定试点实施方案,建立工作推进机制,明确相关措施,并抓好组织落实。

二是政府主导、社会参与。充分发挥政府在支持居家和社区养老服务发展方面的主导作用,落实准入、金融、财税、土地等优惠政策,通过搭建平台、购买服务、公办民营、民办公助、股权合作等方式,支持和鼓励社会力量进入。同时,政府负责行业监管,制定标准规范,确保居家和社区养老服务供给质量和水平。社会力量以市场需求为导向,保供给、可持续,有效提高养老服务供给能力。

三是突出重点、先行先试。鼓励试点地区立足本地实际,以解决居家和社区养老服务发展短板问题为重点,探索创新,开展多种形式的试点,为居家和社区养老服务发展积累经验,充分发挥其典型示范、以点带面的作用。要有计划、有步骤地开展试点,前两三年重点针对发展短板,采取有效促进措施,形成综合服务能力,后两三年重点完善政策措施,推广成功试点经验,形成规模,扩大服务覆盖面。

(三) 试点目标。通过中央资金引导,鼓励地方加大政策创新和资金投入力度,统筹各类资源,优化发展环境,逐步认识和把握居家和社区养老服务发展的规律,形成一批服务内容全面覆盖、社会力量竞争参与、人民群众普遍认可的居家和社区养老服务成功经验，形成比较完备的居家和社区养老服务发展环境和推动机制，鼓励其它地区借鉴应用，快速提高我国居家和社区养老服务发展能力和水平，切实增强人民群众的获得感。试点资金以打造居家和社区养老服务发展软环境和软实力为主，硬件设施建设为辅。

二、重点支持领域

（一）支持通过购买服务、公建民营、民办公助、股权合作等方式，鼓励社会力量管理运营居家和社区养老服务设施，培育和打造一批品牌化、连锁化、规模化的龙头社会组织或机构、企业，使社会力量成为提供居家和社区养老服务的主体。

（二）支持城乡敬老院、养老院等养老机构开展延伸服务，直接提供居家和社区养老服务，或为居家和社区养老服务设施提供技术支撑。

（三）支持探索多种模式的"互联网+"居家和社区养老服务模式和智能养老技术应用，促进供需双方对接，为老年人提供质优价廉、形式多样的服务。

（四）支持养老护理人员队伍建设，加强专业服务人员培养，增强养老护理职业吸引力，提升养老护理人员素质。

（五）推动完善相关养老服务的标准化和规范化建设，通过购买服务方式，积极培育和发展第三方监管机构和组织，建立服务监管长效机制，保证居家和社区养老服务质量水平。

（六）支持采取多种有效方式，积极推进医养结合，使老年人在居家和社区获得方便、快捷、适宜的医疗卫生服务。

（七）支持老城区和已建成居住（小）区通过购置、置换、租赁等方式开辟养老服务设施，支持依托农村敬老院、行政村、较大自然村利用已有资源建设日间照料中心、养老服务互助幸福院、托老所、老年活动站等农村养老服务设施，满足城乡老年人特别是空巢、留守、失能、失独、高龄老年人的养老服务需求。

三、组织实施

（一）申报程序。各省（区、市）组织所辖地市进行申报，申报城市自愿报名申请，经省级民政、财政部门审核后，报送民政部和财政部审定。民政部、财政部组织专家对申报城市进行打分和排序，选择部分重视发展养老服务业，在居家和社区养老服务发展方面具有良好工作基础，在老年人口规模、老龄化程度、经济社会发展水平、地方财力等方面具有代表性的地级市（含直辖市的区）开展试点。具体申报口径和要求按《关于开展2016年居家和社区养老服务改革试点申报工作的通知》要求执行。

（二）资金支持。2016年选择部分地级市（含直辖市的区）进行试点，中央资金突出奖补原则，按因素法分配，采取当年预拨60%，次年根据考核结果进行结算，由试点地区统筹各级财政安排的资金，结合其实际情况安排用于上述支持居家和社区养老服务业发展的7个重点领域。

（三）绩效考核。民政部将会同财政部主要根据以上7个方面的重点支持领域，提出绩效目标考核要求，并组织开展相应的考核评估。对于考核结果较好并达到一定标准的地区，拨付剩余的40%结算资金，对于特别好的地区，将在拨付40%结算资金的基础上额外给予10%奖励，并在下一年度增加该地区所在省份的试点地区数量；对于考核结果较差，未达到一定标准的地区，将根据其得分情况扣减部分或全部补助资金，并取消当年乃至今后的试点资格。绩效考核办法另行制定。

各省级民政、财政部门要高度重视，密切配合，切实承担起责任，组织试点地区结合本地实际制定居家和社区养老服务改革试点实施方案，并加强对试点地区的跟踪指导，确保试点工作取得实效。

民政部　财政部

2016 年 7 月 13 日

中央财政支持开展居家和社区养老服务改革试点工作绩效考核办法

民政部、财政部关于印发《中央财政支持开展居家和社区养老服务改革试点工作绩效考核办法》的通知

民发〔2017〕55号

各省、自治区、直辖市民政厅（局）、财政厅（局），新疆生产建设兵团民政局、财务局：

  为推进中央财政支持居家和社区养老服务改革试点工作，进一步规范和加强专项彩票公益金管理，提高资金使用效益，民政部、财政部联合制定了《中央财政支持开展居家和社区养老服务改革试点工作绩效考核办法》。现印发给你们，请遵照执行。

民政部　财政部
2017年3月28日

  第一条　为规范和加强中央财政支持居家和社区养老服务改革试点的资金管理，提高资金使用效益，根据《彩票公益金管理办法》、《民政部 财政部关于中央财政支持开展居家和社区养老服务改革试点工作的通知》（民函〔2016〕200号）等规定，制定本办法。

第二条 中央财政支持开展居家和社区养老服务改革试点工作（以下简称"试点工作"）绩效考核，是指运用科学合理的评价办法、指标体系和评价标准，全面客观地对试点工作任务完成情况、组织管理情况，以及资金使用管理情况等进行的考核与评价。

第三条 绩效考核坚持客观公正、科学合理、公开透明、激励鞭策的原则，目的是突出成效，强化监督，体现奖惩，保证资金管理使用的规范性和有效性，提高试点工作的带动性和实效性。

第四条 绩效考核指标体系由组织实施、资金安排、工作成效等方面的指标构成，其中：组织实施主要指试点地区政府推进居家和社区养老服务发展设立相应领导机构和工作机制、出台相关法规、政策和规划等情况；资金安排主要指试点地区政府和社会力量支持居家和社区养老服务发展的资金投入及其使用和管理等情况；工作成效主要指民函〔2016〕200号文件明确的7个重点支持领域试点工作具体进展情况等。每个指标具体分解为若干个明细指标，明细指标由民政部会同财政部在年度试点绩效考核通知中确定。

第五条 绩效考核主要依据中央层面出台的彩票公益金法律、法规和规章制度，民政部、财政部下发的年度试点绩效考核通知，有关资金拨付和工作成效的统计数据及经审核认定的书面材料。

第六条 绩效考核采取综合评分法，满分为100分。绩效考核结果分为优秀、合格、不合格三个等级。评分得分90分以上为优秀，70分以上90分以下为合格，70分以下为不合格（"以上"包括本数,"以下"不包括本数)。

第七条 民政部会同财政部根据试点工作进展情况,逐年确定公布试点工作绩效考核指标和评价标准。

第八条 绩效考核采取以下步骤:

(一)各地自评。试点地区民政、财政部门根据民政部、财政部下发的年度试点绩效考核通知要求,将上一年度试点工作自评报告报省级民政、财政部门。试点地区省级民政、财政部门对试点地区的自评报告进行复核后报民政部、财政部。

(二)综合评价。民政部会同财政部组织专门力量,制定具体考核工作方案,开展实地评定,收集绩效考核相关资料,结合试点地区自评报告和实地评定等情况,进行量化评价。

第九条 试点地区的绩效考核结果将作为结算上一年度中央专项彩票公益金和评定下一年度试点地区的重要依据。绩效考核不合格的,扣减部分或全部补助资金,并取消该地区当年试点资格。绩效考核优秀或合格的,拨付剩余资金,保留该地区当年试点资格;绩效考核优秀的,在拨付剩余资金的基础上给予适当奖励,并在下一年度增加该地区所在省份的试点地区名额。

第十条 民政部门、财政部门和相关机构在绩效考核中有徇私舞弊、违规操作等行为的,将依照《财政违法行为处罚处分条例》等追究有关单位和责任人的责任。

第十一条 本办法由民政部会同财政部负责解释。

第十二条 本办法自印发之日起施行。

中国银监会办公厅关于农村中小金融机构实施金融服务进村入社区工程的指导意见

银监办发〔2012〕190号

为做好农村金融服务工作，提高农村金融网点覆盖率和服务便利度，现就农村中小金融机构开展金融服务进村入社区工程提出以下指导意见。

一、工作目标

以邓小平理论和"三个代表"重要思想为指导，深入贯彻落实科学发展观，按照强农、惠农、富农政策要求，强化"三农"市场定位，健全服务网络，创新服务手段，提升服务水平，通过开展农村金融服务进村入社区工程，提高农村金融服务的广度、深度和密度，推动农村金融服务向乡村和社区延伸，提高农村金融网点覆盖率和服务便利度，使广大农民充分享受安全、便捷、丰富、高效的金融服务，共享农村金融改革发展成果。

二、基本原则

（一）普惠原则。坚持固定网点建设与简易便民服务相结合，产品服务与宣传知识同步推进，着力提高广大农村地区金融服务的覆盖面和可得性，充分满足广大农民的基础金融服务需求。

(二) 因地制宜原则。结合当地实际，充分考虑地情、民情、行（社）情等因素，灵活采取多种方式方法有效提升服务水平。

(三) 可持续原则。坚持市场化运作与政策扶持引导相结合，实现成本核算和承担社会责任的科学平衡。

(四) 内控先行原则。坚持便民服务与风险防控相结合，从完善规章制度入手，严守风险底线，保证业务安全开展。

三、工作内容

(一) 完善机构网点布局。按照"布局合理，功能全面，疏密有度，竞争有序"的要求，统筹网点增设，持续加大乡镇及以下网点布设力度，对农村金融需求旺盛的行政村、自然村和中心社区优先增设机构网点。对于不具备设立标准化网点的村镇，在满足基本安全要求的前提下，可设立简易便民服务网点，适当放宽安全设施等级标准，灵活掌握营业时间或约定时间营业。

(二) 丰富流动服务方式。对地处偏远、经济欠发达、不具备设立固定网点条件的乡镇及以下地区，在规范管理、确保安全的前提下，可由就近营业网点灵活采取流动服务车、马背银行、背包银行等多种形式，开展定时定点或流动服务，扩大服务范围。

(三) 广泛布设金融电子机具。在经济发展状况较差、地处偏远，但人口相对密集的乡镇、行政村和中心社区积极尝试通过安装ATM机、POS机方式，解决小额现金存取、转账、查询等方面的服务需求。

（四）加快自助服务终端推广力度。依托农户家庭、商户和农村社区等，不断加大金融自助服务终端安装力度，丰富金融自助服务终端服务功能，满足广大农户小额现金存取、自助缴费、转账、汇款等多种服务需求。

（五）提升银行卡营销和服务水平。不断挖掘、丰富银行卡功能，使银行卡逐步成为农民享受现代金融服务的良好载体。利用遍布城乡的渠道优势，向广大农民宣传银行卡知识，培养用卡习惯，发展特约商户，改善用卡环境，不断提高银行卡在农村地区的普及应用程度。

（六）加大现代支付结算渠道推广应用。完善电子银行系统功能，加大宣传推介力度，促进网上银行、手机银行、电话银行在农村地区的推广应用，使广大农民足不出户就能够及时、方便地办理各项金融业务，充分享受现代科技金融服务成果。

（七）加强银村（社区）合作。建立与村委会、社区服务中心的信息沟通与共享机制，不断延伸、拓宽服务范围，在基础信息收集、信用等级评定、金融业务推广以及基本业务受理等方面积极开展合作，充分发挥农村基层组织在金融服务中的桥梁作用，促进农村金融信息共享。

（八）丰富金融宣传服务内涵。高度重视对农村金融消费者的培训与教育，结合"送金融知识下乡"长效工作机制，通过设立宣传点、流动宣传车、志愿服务小分队等方式，利用平面媒体、广播电视、手机短信等多种渠道，广泛宣传普及存贷款、支付结算、银行卡、投资理财、抵制非法集资等多方面金融知识，帮助农户提高对现代金融服务的理解和接受能力、金融风险防范意识和信用意识。开展送资金、送信息、送金融知识服务，畅通与农民的长期沟通渠道，提高农业生产科技含量和市场风险防范能力，逐步优化农村金融生态环境。

四、保障措施

（一）加强组织推动。各银监局要明确牵头部门，定期对实施情况进行督导。省联社要按照工作目标要求制定总体实施规划，确定分阶段工作任务，积极推动组织实施工作。农村中小金融机构要结合当地实际，明确工作任务，细化工作措施，狠抓工作落实，确保工作实效。

（二）加强政策扶持。各银监局和省联社要积极协调地方政府，在积极落实已有扶持政策的基础上，争取在营业用房、营运费用、电子机具购置、网络设施建设等方面给予适当的补贴和支持。涉及市场准入等行政许可事项的，监管部门可适度放宽准入标准，开辟绿色通道，缩短审批时限。省联社要在绩效考核和薪酬分配政策等方面，完善向工作开展较好机构适度倾斜的政策。

（三）加强风险管控。各银监局和省联社要指导农村中小金融机构建立明确的规章制度、完善的操作流程和有效的风险控制措施，加强对各项具体工作措施的前期论证和后续评估，指导农村中小金融机构落实风险管控措施，做好风险防范工作。

（四）加强评价考核。各银监局和省联社要加强跟踪指导，组织加大经验推广交流力度，根据工作推进情况，定期对行政村网点覆盖率、简易便民服务网点数量、自助机具布设以及金融知识普及等方面情况进行考评通报，确保金融服务进村入社区工程取得实效。

二〇一二年六月十八日